Platon

Ion
Kratylos

이온/크라튈로스
–
제1판 1쇄 2014년 10월 20일
–
지은이—플라톤
옮긴이—천병희
펴낸이—강규순
–
펴낸곳—도서출판 숲
등록번호—제406-2004-000118호
주소—경기도 파주시 해바라기길 34
전화—(031) 944-3139 팩스—(031) 944-3039
E-mail—booksoop@korea.com
–
ⓒ 천병희, 2014. Printed in Seoul, Korea
ISBN 978-89-91290-58-7 93100
값 20,000원
–
디자인—씨디자인
–
잘못 만들어진 책은 구입하신 서점에서 바꿔드립니다.
–
이 도서의 국립중앙도서관 출판시도서목록(CIP)은 서지정보유통지원시스템 홈페이지
(http://seoji.nl.go.kr)와 국가자료공동목록시스템(http://www.nl.go.kr/kolisnet)에
서 이용하실 수 있습니다. (CIP제어번호: CIP 2014027952)

Platon
/
Ion
Kratylos

플라톤
/
이온
크라튈로스

천병희 옮김

소크라테스의 죽음과 서양 철학의 출발

옮긴이 서문

플라톤(기원전 427년경~347년)은 관념론 철학의 창시자로 소크라테스, 아리스토텔레스와 더불어 서양의 지적 전통을 확립한 철학자이다. 아버지 쪽으로는 아테나이의 전설적인 왕 코드로스(Kodros), 어머니 쪽으로는 아테나이의 입법자 솔론(Solon)으로 거슬러 올라가는 부유한 명문가에서 태어난 그는 당시 다른 귀족 출신 젊은이들처럼 정계에 입문할 작정이었다.

그러나 펠로폰네소스 전쟁(기원전 431~404년)에서 아테나이가 패하면서 스파르테가 세운 '30인 참주'들의 폭정이 극에 달하고, 이어서 이들을 축출하고 정권을 잡은 민주제 지지자들에 의해 스승인 소크라테스가 399년에 사형당하는 것을 본 28세의 플라톤은 큰 충격을 받는다. 그래서 정계 진출의 꿈을 접고 철학을 통해 사회의 병폐를 극복하기로 결심을 굳힌 그는 철학자가 통치자가 되거나 통치자가 철학자가 되기 전에는 사회가 개선될 수 없다는 확신을 품게 된다.

아테나이와 아테나이의 민주주의가 쇠퇴하고 있음을 상징적으로 보여주는 이 사건이 있은 뒤 플라톤은 이집트, 남이탈리아, 시칠리아 등지로 여행을 떠난다. 그 뒤 기원전 4세기 초 아테나이로 돌아온 그는 영웅 아카데모스(Akademos)에게 바쳐진 원림(園林) 근처에 서양 대학교의 원조라고 할 아카데메이아(Akademeia) 학원을 개설한다. 그리고 쉬라쿠사이의 참주들을 다시 두 번 방문한 것 말고는 연구와 강의와 저술활동에 전념하다가 기원전 347년 아테나이에서 세상을 떠난다.

플라톤은 50년이 넘는 기간 동안 스승 소크라테스가 등장하여 대화를 주도하는 25편의 철학적 대화편과 소크라테스의 변론 장면을 기술한『소크라테스의 변론』(Apologia Sokratous)을 출판했는데, 이것들은 모두 지금까지 전해온다. 그 밖에 13편의 서한이 있지만 플라톤이 썼는지를 놓고는 논란의 여지가 많다.

플라톤의 저술은 편의상 초기 작품, 중기 작품, 후기 작품으로 구분된다. 초기 대화편은 소크라테스의 철학을 충실하게 기록하고 있고, 후기로 갈수록 스승 소크라테스의 입을 빌려 그 자신의 철학을 말하고 있다고들 이야기한다.『소크라테스의 변론』,『크리톤』(Kriton),『이온』 등으로 대표되는 초기 작품에서는 소크라테스가 주역을 맡아 대담자들이 제시한 견해들을 검토하고 폐기한다.

『프로타고라스』(*Protagoras*), 『메논』(*Menon*), 『파이돈』(*Phaidon*), 『파이드로스』(*Phaidros*), 『국가』(*Politeia*), 『향연』(*Symposion*) 등으로 대표되는 중기 작품에서는 소크라테스가 여전히 주역을 맡고 있지만, 플라톤이 혼불멸론과 이데아(idea)론 같은 자신의 견해를 제시하며 소크라테스의 견해를 해석하고 부연한다. 『정치가』(*Politikos*), 『소피스트』(*Sophistes*), 『필레보스』(*Philebos*), 『티마이오스』(*Timaios*), 『법률』(*Nomoi*) 등으로 대표되는 후기 작품에서는 소크라테스와 함께 혼불멸론과 이데아론이 뒷전으로 물러나고 플라톤의 철학적·논리적 방법론에 관심이 집중되고 있다.

플라톤의 저술들이 2천 년 넘는 세월을 겪고도 모두 살아남을 수 있었던 것은 그의 심오하고 체계적인 사상 덕분이겠지만, 동시에 이런 사상을 극적인 상황 설정, 등장인물들에 대한 흥미로운 묘사, 소크라테스의 인간미 넘치는 아이러니 등으로 재미있고 생동감 넘치게 독자들에게 전하기 때문이기도 할 것이다. 플라톤이 그리스 최고의 산문작가 중 한 사람으로 평가받는 것도 그 때문일 것이다.

이런 플라톤을 더 많은 독자들에게 소개하기 위해 나는 난해한 직역과 지나친 의역은 피하고, 원전의 의미를 되도록 알기 쉽게 전달하려고 힘닿는 데까지 노력했다. 그러나 플라톤의 말뜻을 정확히 이해하고 난삽한 문장을 읽기 좋은 우리말로 옮기는 것은 결코 쉬운 일이 아니다. 그런 의미에서 더 나은 이해를 위해 플라톤 번역은 끊임없이 시도되어야 하리라고 생각한다.

　이 번역서는 그의 대화편『이온』과『크라튈로스』를 한데 묶은 것이다. 그의 시론(詩論)이라 할 수 있는『이온』에서 그는 시인은 알고 작시하는 것이 아니라 영감을 받아 신들린 상태에서 작시(作詩)하는 것이라는 영감론(靈感論)을 주장하고 있고, 그의 언어관(言語觀)을 엿볼 수 있는『크라튈로스』에서는 언어의 기원을 논하고 어원(語原)을 밝히고 있다.

2014년 10월

천병희

주요 연대표

(이 연대표의 연대는 모두 기원전)

469년   소크라테스 태어나다

451년   알키비아데스 태어나다

450년경   아리스토파네스 태어나다

445년경   아가톤 태어나다

431년   아테나이와 스파르테 사이에 펠로폰네소스 전쟁이 벌어지다

427년경   플라톤 태어나다

424년   델리온에서 아테나이군이 패하다

423년   소크라테스를 조롱하는 내용의 아리스토파네스의 희극 『구름』이
           공연되다

404년   펠로폰네소스 전쟁이 끝나고 스파르테가 지원하는 '30인 참주'가
           아테나이를 통치하다

403년   '30인 참주'가 축출되고 아테나이에 민주주의가 부활하다

399년   소크라테스가 재판을 받고 사형당하다

387년경   플라톤이 아카데메이아 학원을 창설하다

384년   아리스토텔레스 태어나다

347년   플라톤 죽다

/
차 례

/

/
일러두기

1. 『이온』의 대본으로는 옥스퍼드 고전 텍스트(Oxford Classical Texts) 중 J. Burnet
이 교열한 Platonis Opera, 5 vols., Oxford 1900~1907(제3권)을 사용했다. 주석
은 P. Murray(Cambridge University Press 1996)의 것을 참고했다. 현대어 번역 중
에서는 P. Woodruff(Hackett Publishing Company Indianapolis 1997), W. R. M.
Lamb(Loeb Classical Library, Harvard University Press 1925)의 영어 번역과 F.
Schleiermacher(Darmstadt 1974)의 독어 번역을 참고했다.
2. 『크라튈로스』의 대본으로는 옥스퍼드 고전 텍스트 중 E. A. Duke, W. F. Hicken,
W. S. M. Nicoll, D. B. Robinson이 교열한 플라톤 전집 1권(1995)을 사용했다. 현
대어 번역 중에서는 C. D. C. Reeve(Hackett Publishing Company Indianapolis
1997), W. R. M. Lamb(Loeb Classical Library, Harvard University Press 1925), B.
Jowett(Oxford 1953), J. Sachs(The Focus Philosophical Library 2011)의 영역과 F.
Schleiermacher(Darmstadt 1974), Otto Apelt(Hamburg 2004)의 독역과 김인곤/이기
백의 우리말 번역('정암학당 플라톤 전집' 중에서 2007)을 참고했다.
3. 플라톤에 관한 자세한 참고문헌은 R. Kraut(ed.), The Cambridge Companion to Plato,
Cambridge University Press 1992, 493~529쪽과 C. Schäfer(Hrsg.), Platon-Lexikon,
Darmstadt 2007, 367~407쪽을 참고하기 바란다.
4. 본문의 좌우 난외에 표시되어 있는 530a, b, c 등은 이른바 스테파누스(Stephanus,
Henricus 프랑스어 이름 Henri Estienne, 16세기 프랑스 출판업자) 표기를 따른 것으로
아라비아 숫자는 쪽수를, 로마자는 문단을 나타낸다. 플라톤의 그리스어 텍스트와 주
요 영역, 독역, 불역 등에서는 스테파누스 표기가 사용되고 있어, 이 표기가 없는 텍스
트나 역서는 위치를 확인할 수 없어 참고 서적으로서의 가치가 거의 없다고 해도 과언이
아니다.
5. 설명이 필요하다고 생각되는 부분에는 주석을 달았다.

Ion

이온

대담자
철학자 소크라테스와 음유시인 이온

530a **소크라테스** 반갑소이다, 이온. 그런데 이렇게 우리를 찾아주시다니, 지금 어디서 오시는 길이오? 에페소스[1]에 있는 집에서 오시는 길인가요?

이온 아니요, 소크라테스 선생. 에피다우로스[2]의 아스클레피오스 축제에 갔다가 오는 길이라오.

소크라테스 설마 에피다우로스인들이 그 신을 위하여 음유시인[3]들의 경연(競演)도 개최한다는 말은 아니겠지요?

이온 개최하지 않기는요. 그들은 모든 종류의 시가(詩歌)를 위해 경연을 개최하는걸요.

소크라테스 정말이오? 그렇다면 그대도 경연에 참가하셨나요? 성적은 어땠나요?

b **이온** 물론 우리가 우승했지요, 소크라테스 선생.

소크라테스 듣기 좋군요. 그렇다면 판아테나이아 축제[4]에서도 우

12

리가 우승하도록 해요.

이온 그렇게 되겠지요. 그게 신의 뜻이라면.

소크라테스 이봐요, 이온. 사실 나는 그대들의 직업[5]이 부러웠던 적이 한두 번이 아니라오. 그대들은 직업상 늘 최대한 곱게 차려 입고 보기 좋게 모양을 내잖아요. 그뿐인가요, 그와 동시에 수많은 위대한 시인들, 그중에서도 가장 훌륭하고 가장 신적인 호메로스[6]의 작품들에 전념하며 그분의 말씀뿐 아니라 그분의 사상을 이해해야 할 텐데, 그 점은 당연히 부러움을 살 만하니까요. 시인 c 의 말뜻을 알아차리지 못하면 어느 누구도 훌륭한 음유시인이 될

---

1 에페소스(Ephesos)는 소아시아 이오니아(Ionia) 지방의 도시이다.

2 에피다우로스(Epidauros)는 펠로폰네소스(Peloponnesos) 반도 북동부 아르골리스(Argolis) 반도에 있는 소도시로, 의신(醫神) 아스클레피오스(Asklepios)의 신전과 극장으로 유명하다.

3 rhapsodos. 자작시보다는 대개 호메로스(Homeros)의 서사시 등 남의 시를 음송했다.

4 판아테나이아(Panathenaia) 축제는 아테나이(Athenai) 시의 수호여신 아테나(Athena)의 탄생을 기리는 대규모 여름 축제로, 해마다 지금의 7월 말에 개최되었다. 이때 아테나이 시민들은 파르테논(Parthenon) 신전의 프리즈(frieze)에서 볼 수 있듯이 파르테논을 향하여 행렬을 지어 올라갔고 황소들을 제물로 바쳤으며 신전 안에 안치된 거대한 여신상에 새 옷(peplos)을 지어 바쳤다. 4년에 한 번씩 대규모로 개최된 대(大)아테나이아 제에서는 각종 경기, 경마, 시가 경연도 곁들여졌다.

5 techne.

6 Homeros. 기원전 730년경에 활동한 그리스 서사시인으로, 작품으로는 『일리아스』(Ilias), 『오뒷세이아』(Odysseia)가 남아 있다.

수 없을 테니 말이오. 음유시인은 시인의 사상을 청중에게 전달해야 하는데, 시인의 말뜻을 알아차리지 못하면 어떻게 그 일을 제대로 해낼 수 있겠소? 그래서 나는 이 모든 것이 부럽다는 것이오.

이온 소크라테스 선생, 그것은 맞는 말이오. 나로서도 내 직업의 바로 그 점이 가장 힘들었소. 그리고 나는 호메로스에 관해서는 내가 누구보다 더 훌륭하게 말한다고 자부하고 있소. 람프사코스의 메트로도로스[7]도, 타소스의 스테심브로토스[8]도, 글라우콘[9]도, 그 밖의 어느 누구도 호메로스에 관한 한 나만큼 아름다운 해석을 많이 내놓지는 못했으니까요.

d

소크라테스 거참, 듣기 반가운 얘기로군요. 그렇다면 그대는 그 아름다운 해석들을 내게 보여주기를 꺼려하시지 않을 테니 말이오.

이온 소크라테스 선생, 아닌 게 아니라 호메로스를 내가 얼마나 멋지게 치장했는지 한번은 들어볼 만하지요. 그래서 나야말로 호메로스의 제자들[10]에 의해 머리에 금관이 씌워질 자격이 있다고 생각해요.

소크라테스 그렇다면 나도 언젠가는 틈을 내어 그대에게 들어봐야겠네요. 하지만 지금은 나의 이 질문에 대답해주시오. 그대는 호메로스에만 능하시오, 아니면 헤시오도스[11]와 아르킬로코스[12]에도 능하시오?

531a

이온 아니, 호메로스에만 능하답니다. 그 정도면 나한테는 충분한 것 같아서요.

소크라테스 호메로스와 헤시오도스가 한 주제로 같은 말을 하는 경우는 없나요?

이온 그런 경우도 많은 것 같아요.

소크라테스 그런 경우 그대는 헤시오도스의 시행들보다 호메로스의 시행들을 더 훌륭하게 해석하시나요?

이온 두 분이 같은 말을 하는 주제들은 똑같이 해석하지요.

소크라테스 두 시인이 같은 말을 하지 않는 주제들은 어떻게 하시   b
나요? 이를테면 예언술 같은 것 말이오. 예언술에 관해 호메로스
도 무슨 말을 하고, 헤시오도스도 무슨 말을 할 테니 말이오.

이온 물론 그렇지요.

소크라테스 어때요? 두 시인이 예언술과 관련해 같은 말을 하는 구

---

7 메트로도로스(Metrodoros)는 철학자 아낙사고라스(Axanagoras)의 제자로 기원전 5세기 전반에 호메로스의 시를 우의적(寓意的)으로 해석했다고 한다. 람프사코스(Lampsakos)는 헬레스폰토스(Hellespontos) 해협의 아시아 쪽 도시이다.

8 스테심브로토스(Stesimbrotos)는 기원전 5세기 말에 활동한 호메로스 학자이다. 타소스(Thasos)는 에게 해 북부에 있는 섬이다.

9 여기에 나오는 글라우콘(Glaukon)이 누군지는 알 수 없지만, 아리스토텔레스(Aristoteles)의 『시학』(Peri poietikes) 1461b에 나오는 호메로스 주석학자와 동일인으로 보는 이도 있다.

10 Homeridai. 원래는 자신들이 호메로스의 후예들이라고 주장하는 키오스(Chios) 섬 음유시인들의 단체이다.

11 헤시오도스(Hesiodos)는 호메로스보다 한 세대 뒤인 기원전 700년경에 활동하던 그리스의 서사시인이다. 작품으로는 『신들의 계보』(Theogonia), 『일과 날』(Erga kai hemerai) 등이 남아 있다.

12 아르킬로코스(Archilochos)는 기원전 7세기 중엽에 활동하던 그리스 서정시인이다.

절이든 다른 말을 하는 구절이든 누가 더 훌륭하게 해석할까요? 그대일까요, 아니면 훌륭한 예언자일까요?

이온 예언자이겠지요.

소크라테스 그대가 예언자라고 가정해보시오. 만약 그대가 두 시인이 같은 말을 하는 구절들을 해석할 수 있다면, 두 시인이 다른 말을 하는 구절들도 해석할 수 있지 않을까요?

이온 물론이지요.

c **소크라테스** 그렇다면 그대가 호메로스에는 능하면서도 헤시오도스나 다른 시인들에는 능하지 못하다는 것은 대체 어찌 된 영문인가요? 호메로스는 다른 모든 시인들이 말하는 것과는 다른 주제에 관해 말하나요? 호메로스는 주로 전쟁 이야기, 착한 사람들과 나쁜 사람들 또는 문외한과 전문가 등이 공동체 안에서 어떻게 교류하며 신들은 신들과 인간들과 어떻게 어울리는지, 하늘과 저승

d 에서는 어떤 일이 일어나는지 들려주지 않나요? 이런 것들이 호메로스 시의 주제 아닌가요?

이온 맞는 말씀입니다, 소크라테스 선생.

소크라테스 다른 시인들은 어떤가요? 그들도 같은 주제들에 관해 시를 쓰지 않나요?

이온 물론 그렇지요. 하지만 소크라테스 선생, 그들은 호메로스처럼 쓰지는 않았소.

소크라테스 어때요? 작시(作詩)를 더 열등하게 했나요?

이온 네, 훨씬 열등하게요.

소크라테스 그렇다면 호메로스가 더 훌륭하게 썼나요?

이온 제우스에 맹세코, 더 훌륭하게 썼지요.

소크라테스 친애하는 이온, 만약 여러 사람이 산술에 관해 논의하는데 그중 한 명이 가장 말을 잘한다면, 누가 가장 훌륭한 웅변가인지 누군가는 구별할 수 있겠지요?

이온 네, 그렇겠지요.

소크라테스 열등한 웅변가를 구별할 수 있는 것도 같은 사람일까요, 아니면 다른 사람일까요?

이온 분명 같은 사람이겠지요.

소크라테스 그는 산술에 밝은 사람이겠지요?

이온 네.

소크라테스 어때요? 여러 사람이 몸에 좋은 음식에 관해 논의하는데, 그중 한 명이 가장 말을 잘한다고 가정해봅시다. 가장 말을 잘하는 사람이 가장 말을 잘한다는 것을 아는 사람과 남보다 말을 못하는 사람이 남보다 말을 못한다는 것을 아는 사람은 서로 다른 사람일까요, 아니면 같은 사람일까요?

이온 확실히 같은 사람이겠지요.

소크라테스 그는 누구일까요? 우리는 그를 뭐라고 부르나요?

이온 의사라고 불러요.

소크라테스 그렇다면 우리는 여러 사람이 같은 주제를 놓고 논의할 때, 말을 잘하는 사람과 말을 잘하지 못하는 사람을 구별할 수 있는 것은 언제나 같은 사람이라고 일반화해서 말할 수 있을 것이오. 그렇지 않다면 주제가 같을 경우 누군가 말을 잘하지 못하는 사람을 구별할 수 없다면, 말을 잘하는 사람도 분명 구별할 수 없을 테니 말이오.

이온 그렇지요.

소크라테스 그러니 같은 사람이 양쪽 모두에 능하겠지요?

이온 네, 그래요.

소크라테스 그런데 방금 그대는 호메로스와 다른 시인들은(여기에는 헤시오도스와 아르킬로코스도 포함된다고 했소) 모두 같은 주제에 관해 말해도 똑같이 훌륭하게 말하지 않고, 호메로스는 훌륭하게 말하는데 나머지는 열등하게 말한다고 주장하셨던가요?

이온 네. 그리고 그것은 사실이고요.

b **소크라테스** 그대가 정말로 누가 말을 잘하는지 안다면, 말을 잘하지 못하는 사람이 말을 잘하지 못한다는 것도 아시겠구려.

이온 그럴 것 같은데요.

소크라테스 여보시오! 그렇다면 이온은 호메로스와 다른 시인들에 능하다고 우리가 말해도 틀린 말은 아니겠구려. 같은 사람이 같은 주제에 관해 말하는 모든 사람을 제대로 판단할 수 있다고, 그리고 사실상 모든 시인은 같은 주제를 다룬다고 그대도 인정하셨으니까요.

이온 그렇다면 소크라테스 선생, 다음은 어떻게 설명할 수 있을까 c 요? 누가 다른 시인에 관해 논하면 나는 집중력이 부족해서 이렇다 할 발언도 하지 못하고 졸기만 한다오. 그러나 누가 호메로스를 언급하면 나는 곧바로 졸음이 가시고 정신이 말똥말똥해져서 할 말이 많아진다오.

소크라테스 여보시오, 그것은 알아맞히기 어렵지 않소이다. 그대가 호메로스에 관해 전문 기술[13]과 전문 지식[14]에 근거하여 말할 수 없다는 것은 누가 봐도 명백하니까요. 만약 그대가 전문 기술에 근거해서 그럴 수 있다면 그 밖의 다른 모든 시인들에 관해서도 말할 수 있을 테니 말이오. 시(詩)는 하나의 전체이기 때문이오. 그렇지 않나요?

이온 네, 그렇지요.

소크라테스 누가 다른 전문 기술도 하나의 전체로서 습득한다면,　　d 모든 전문 기술에는 같은 고찰 방법이 적용되겠지요? 이온, 이 말이 무슨 뜻인지 내가 설명해주기를 바라시오?

이온 소크라테스 선생! 제우스에 맹세코, 나로서는 그랬으면 고맙겠소. 나는 지혜로운 사람들의 고견을 기꺼이 듣고 싶으니까요.

소크라테스 그대의 말이 참말이라면 얼마나 좋겠소, 이온. 하지만 지혜로운 사람들은 그대들 음유시인들과, 배우들과, 그대들이 읊어대는 그 시의 시인들이라오. 나로 말하면, 단순한 문외한에게서 예상되는 진실을 말할 뿐이오. 방금 내가 그대에게 물어본 것　　e

---

13 techne.
14 episteme.

은 보시다시피 누구나 다 알 수 있는 평범하고 보잘것없는 질문이었으니 말이오. 그것은 누가 전문 기술을 하나의 전체로서 습득할 경우 같은 고찰 방법이 적용되느냐 하는 것이었소. 그것을 다음과 같이 생각해보도록 해요. 회화(繪畵)는 하나의 전체로서 습득해야 할 전문 기술이겠지요?

이온 물론 그렇지요.

소크라테스 그리고 훌륭하고 열등한 화가들이 지금도 많이 있고, 과거에도 많이 있었겠지요?

이온 물론이지요.

소크라테스 그런데 그대는 아글라오폰의 아들 폴뤼그노토스[15]가 그린 작품들의 잘된 점과 잘못된 점을 지적하는 데는 능하면서 다른 화가들의 작품에는 그렇지 못한 사람을 보신 적이 있나요? 그리고 다른 화가들의 작품이 전시되었을 때는 졸음이 밀려와서 당황하여 아무 말도 못하다가 폴뤼그노토스나 그 밖에 마음에 드는 다른 화가를 비평해야 할 때만은 졸음이 가시고 정신이 집중되며 할 말이 많아지는 사람을 보신 적이 있나요?

이온 제우스에 맹세코, 결코 본 적이 없어요.

소크라테스 조각의 경우는 어떤가요? 그대는 메티온의 아들 다이달로스[16]나 파노페우스의 아들 에페이오스[17]나 사모스 출신 테오도로스[18]나 그 밖의 어떤 한 조각가가 훌륭하게 조각한 부분을 해석하는 데는 능하면서 다른 조각가들의 작품을 대하면 졸음이 밀려와서 당황하여 할 말이 궁색해진 사람은 보신 적이 있나요?

533a

b

20

이온 제우스에 맹세코, 그런 사람을 본 적은 없어요.

소크라테스 생각건대, 그대는 또한 피리를 불거나 키타라[19]를 연주하거나 시를 음송함에 있어 올림포스[20]나 타뮈리스[21]나 오르페우스[22]나 이타케 섬의 음유시인 페미오스[23]를 해석하는 데는 능하

---

15 폴뤼그노토스(Polygnotos)는 타소스 섬 출신의 유명 화가로, 기원전 470년경 아테나이 공공 건물들을 그림으로 장식했다.

16 다이달로스(Daidalos)는 인류 최초의 조각가였다고 한다.

17 에페이오스(Epeios)는 트로이아의 목마를 제작한 사람이다. 『오뒷세이아』 8권 493행 참조.

18 테오도로스(Theodoros)는 기원전 6세기 중엽에 활동한 유명 금속 공예가로, 크로이소스(Kroisos)가 델포이(Delphoi) 신전에 바친 은제 포도주 희석용 동이 (헤로도토스, 『역사』 1권 51장)와 폴뤼크라테스(Polykrates)의 에메랄드 인장 반지 (헤로도토스, 『역사』 3권 41장)를 제작했다. 사모스(Samos)는 이오니아 지방 앞 바다에 있는 섬이다.

19 '피리'라고 번역한 aulos는 지금의 오보에나 클라리넷에 가까운 관악기로 디튀람보스, 비극과 희극 코로스의 반주 악기로 사용되었으며 잔치 때나 제물 바칠 때, 장례 때도 연주되었다. 키타라(kithara)는 소리가 더 잘 울리도록 뤼라(lyra) 를 개량한 악기이다. 뤼라는 활을 사용할 줄 몰라 손가락으로 뜯거나 채 따위로 켜던 발현악기(撥絃樂器)로 현의 길이가 모두 같다는 점에서 하프와 다르다. 피리 와 더불어 고대 그리스의 주요 악기인 뤼라는 주로 서정시 반주에 사용되었다.

20 올림포스(Olympos)는 소아시아 프뤼기아(Phrygia) 지방 출신의 가인(歌人) 으로, 시가(詩歌)의 신화적인 창시자이다. 『향연』 215c 참조.

21 타뮈리스(Thamyris)는 트라케(Thraike) 지방 출신의 전설 속 가인이다. 그가 무사 여신들과의 경연에 져서 장님이 되고 음악 재능까지 빼앗긴 이야기는 『일리아스』 2권 594행 참조.

22 오르페우스(Orpheus)는 트라케 출신의 전설 속 가인으로, 그가 악기를 연주하면 야수들도 유순해졌다고 한다.

면서 에페소스 출신 음유시인 이온의 장점과 단점에 관해서는 당황해하며 할 말이 궁색한 사람을 보신 적이 없을 것이오.

이온 소크라테스 선생, 나는 그 점에 대해 그대에게 이의를 제기할 수 없겠지요. 하지만 내가 확신하는 한 가지가 있는데, 그것은 호메로스에 관해서는 내가 어느 누구보다 말을 잘하며 할 말이 많다는 것이오. 남들도 내가 말을 잘한다고들 해요. 그러나 나는 다른 시인들에 관해서는 말을 잘하지 못해요. 이게 대체 어찌 된 일인지 고찰해주시오.

소크라테스 이온, 고찰하고 있소이다. 그리고 그 점에 대해 내가 어떻게 생각하는지 그대에게 말하려던 참이오. 그러니까 앞서[24] 내가 말했듯이, 그대가 호메로스에 관해 말을 잘하는 것은 그대가 전문 기술을 습득해서가 아니라, 마치 에우리피데스가 마그네시아[25] 돌이라 부르고[26] 다른 사람들은 헤라클레이아[27] 돌이라고 부르는 돌[28]처럼, 어떤 신적인 힘이 그대를 움직이기 때문이오. 그 돌은 무쇠 반지들을 끌어당길 뿐만 아니라 반지들에 힘을 나눠주어 반지들이 돌과 똑같은 일을 할 수 있게 하지요. 그래서 이 반지들이 다른 반지들을 끌어당기니, 때로는 쇳조각과 반지들이 서로 매달린 채 긴 사슬을 이루지요. 그러나 이 모든 것들의 힘은 저 돌 하나에 달려 있다오. 마찬가지로 무사[29] 여신이 먼저 사람들에게 몸소 영감을 불어넣으면, 그때는 이들 영감 받은 사람들을 통해 다른 사람들이 영감을 받아 사슬처럼 서로 연결되지요. 훌륭한 서사시인들이 훌륭한 시를 읊는 것은 모두 전문 기술 덕분이 아니

라 영감을 받았기 때문이며, 훌륭한 서정시인들 또한 그 점에서는
마찬가지라오. 마치 코뤼반테스들[30]이 춤출 때는 제정신이 아니
듯 서정시인들도 아름다운 서정시를 쓸 때는 제정신이 아니며, 화
음과 리듬을 타자마자 박코스[31]의 여신도들처럼 미치기 시작한다
오. 그리고 박코스의 여신도들이 씌었을 때 강에서 젖과 꿀을 푸
고 제정신이 들면 그러지 않듯, 서정시인들의 혼도 그들의 말에 따
르면 그렇다고 합니다. 그들이 말하기를, 그들은 무사 여신들의 정
원과 골짜기들에 있는 꿀이 흐르는 샘들에서 노래를 주워 모아 꿀
벌처럼 하늘을 날아서 우리에게 가져온다니 말이오. 아닌 게 아니
라 그들이 하는 말은 사실이오. 시인은 가볍고 날개 달린 신성한

534a

b

---

23 페미오스(Phemios)는 이타케(Ithake) 섬에 있는 오뒷세우스(Odysseus)의 궁
전에서 페넬로페(Penelope)의 구혼자들의 흥을 돋우기 위해 노래해야 했던 가인
이다. 『오뒷세이아』 1권 154행, 22권 331행 참조.

24 532c.

25 여기서는 소아시아에 있는 도시 마그네시아(Magnesia)를 말하는 것 같다.

26 에우리피데스(Euripides), 단편 567 Nauck 참조.

27 헤라클레이아(Herakleia)라는 지명은 많은데, 여기서는 위의 마그네시아 시
남쪽에 있는 어느 도시를 말하는 것 같다.

28 천연 자석.

29 무사(Mousa 복수형 Mousai 영/Muse)는 시가의 여신으로, 대개 9명인 것으
로 알려져 있다.

30 코뤼반테스들(Korybantes)은 지모신(地母神) 퀴벨레(Kybele)의 사제들로 요
란한 음악과 광적인 춤으로 여신에게 경의를 표했다.

31 박코스(Bakchos)는 주신(酒神) 디오뉘소스(Dionysos)의 다른 이름이다.

존재이며, 신들리고 제정신이 아니고 이성[32]을 잃기 전까지는 작시

할 수 없기 때문이오. 인간은 누구나 이성이 있는 동안에는 작시

할 수 없고 예언을 노래할 수도 없는 법이오. 따라서 그들이 작시

하고 그대가 호메로스에 관해 그러하듯 그들이 인간 행적에 관해

c　아름다운 말을 많이 하는 것은 전문 기술 덕분이 아니라 신의 은

덕인 만큼, 개개의 시인은 무사 여신이 부추긴 것에 한해 작시할

수 있는 것이오. 그래서 누구는 디튀람보스[33]에, 누구는 찬가에,

누구는 무도곡에, 누구는 서사시에, 누구는 단장격 시행[34]에 능하

고 저마다 다른 부문의 시에는 보잘것없는 것이라오. 그들은 전문

기술이 아니라 신의 권능에 힘입어 그런 시행을 쓸 수 있기 때문이

지요. 만약 그들이 전문 기술을 습득하여 한 가지 부문의 시에 관

해 훌륭하게 말할 줄 안다면 모든 부문의 시에 관해서도 그럴 수

있을 테니까요. 그래서 신은 시인들에게서 이성을 빼앗고 그들을

d　예언자나 신통한 점쟁이들처럼 종으로 부리는 것이지요. 그들에

게는 이성이 없는 만큼 그런 가치 있는 말을 하는 것은 그들이 아

니라 신이며, 신이 그들을 통해 우리에게 말을 건다는 것을 우리가

듣고 알도록 말이오. 이를 뒷받침하는 확실한 증거는 칼키스 출신

튄니코스[35]의 경우랍니다. 그는 평생 동안 이렇다 할 시를 한 편도

짓지 않다가 누구나 다 부르는 찬신가[36]를 썼는데, 이것은 걸작 서

e　정시로 그의 말처럼 '무사 여신들의 횡재'[37]이지요. 생각건대, 우리

가 의심하지 않도록 신은 누구보다도 그를 통해, 이 아름다운 시

들은 인간이 만든 인간의 작품이 아니라 신이 만든 신의 작품이라

는 것을, 그리고 시인이라는 존재는 저마다 자기에게 영감을 불어넣은 신에게 홀린 신들의 대변자에 지나지 않음을 보여주는 듯해요. 이를 보여주기 위해 신은 일부러 가장 보잘것없는 시인을 통해 가장 아름다운 서정시를 불렀던 것이지요. 어때요, 그대는 내 말 535a 이 사실이 아니라고 생각하시오, 이온?

이온 제우스에 맹세코, 나도 동감이오. 소크라테스 선생, 나는 그대의 말에 감명받았소. 그리고 훌륭한 시인들이 신들에게서 우리에게로 그런 시들을 전달할 수 있는 것은 신의 은덕이라고 믿어요.

소크라테스 한편 그대들 음유시인은 시인들의 말을 우리에게 전달하는 것이겠지요?

이온 그 역시 옳은 말이오.

소크라테스 그렇다면 그대들은 전달받은 것을 전달하는 사람들이겠네요?

이온 전적으로 동의해요.

소크라테스 자, 그럼 이 점에 대해 말해주시오, 이온. 내 물음에 b

---

32 nous.

33 디튀람보스(dithyrambos)는 주신 디오뉘소스에게 바치는 합창서정시이다.

34 단장격(∪−) 시행은 주로 비극의 대사에서 사용되었다.

35 튄니코스(Tynnichos)에 관해서는 달리 알려진 것이 없다. 칼키스(Chalkis)는 에우보이아(Euboia) 섬의 서해안에 있는 도시이다.

36 paian. 주로 아폴론(Apollon)에게 바치는 찬신가를 말한다.

37 heurema ti Moisan.

솔직히 대답해주시오. 오뒷세우스가 문간으로 뛰어들어 구혼자들에게 자신의 정체를 밝히며 화살들을 자기 발 앞에 쏟는 장면이든, 아킬레우스[38]가 헥토르에게 달려드는 장면이든, 안드로마케나 헤카베나 프리아모스[39]에 얽힌 슬픈 장면이든 그대가 서사시를 훌륭하게 음송하여 청중을 크게 감동시킬 때, 그대는 정신

c 이 온전하시오, 아니면 제정신이 아니시오? 그래서 그대의 혼이 들뜬 나머지 이타케든 트로이아든 그 밖에 서사시의 사건이 전개되는 다른 곳이든, 그대가 묘사하는 장소에 가 있다고 믿으시나요?

이온 소크라테스 선생, 그대는 참으로 생생한 예를 들이대시는구려. 내 그대에게 솔직히 말하겠소. 슬픈 이야기를 할 때면 내 두 눈에는 눈물이 가득 고이고, 두렵고 무서운 이야기를 할 때면 나는 모골이 송연하고 가슴이 팔딱팔딱 뛴다오.

d **소크라테스** 어때요, 이온? 우아하게 차려입고 머리에 금관을 쓴 사람이 자신의 장신구를 하나도 잃어버리지 않았는데도 축제의 제물을 보고 눈물을 흘리거나, 또는 아무도 그의 옷을 벗기거나 해코지하려 하지 않는데도 2만 명이 넘는 친구들 사이에서 두려움을 느낀다면, 우리는 그 순간 그가 제정신이라고 말할 수 있을까요?

이온 소크라테스 선생, 솔직히 말하자면 절대로 그렇다고 말할 수 없겠지요.

소크라테스 그리고 그대들 음유시인은 대부분의 관객들에게도 같

은 감정을 느끼게 한다는 것을 그대는 알고 있나요?

이온 네, 잘 알고 있지요. 나는 매번 연단에서 관객들을 내려다보 _e는데, 그럴 때면 그들이 소리 지르고 두려움에 사로잡혀 나를 쳐다보며 내 이야기에 감탄을 금치 못하는 모습을 보니까요. 나는 관객들에게 세심하게 신경 쓰지 않을 수 없어요. 내가 그들을 울게 만들면 나는 돈을 버니 나중에 웃게 되고, 내가 그들을 웃게 만들면 나는 돈을 벌지 못하고 나중에 울게 되니 말이오.

소크라테스 그리고 그대는 바로 이 관객이 헤라클레이아의 자석에서 차례차례 힘을 전달받는다고 내가 앞서 말한 바 있는 반지들 가운데 맨 마지막 반지라는 것도 알고 있나요? 음유시인 또는 배우인 그대가 중간 반지이고, 시인이 첫 번째 반지라오. 그러나 하 _{536a}나의 힘이 다른 것에 의존하게 함으로써 이 모든 것을 통해 자신이 원하는 곳으로 인간의 혼을 끌어당기는 것은 신이지요. 자석의 경우처럼 여기에도 합창가무단의 단원들과 교사들과 조교사들이라는 긴 사슬이 있는데, 이것은 또 이것대로 무사 여신에게 매달려 있는 반지들과 수평으로 연결되어 있어요. 어떤 시인은 이 무

---

38 아킬레우스(Achilleus)는 트로이아 전쟁 때 그리스군의 으뜸가는 장수이고, 헥토르(Hektor)는 트로이아군의 으뜸가는 장수이다.

39 안드로마케(Andromache)는 헥토르의 아내이고, 헤카베(Hekabe)는 헥토르의 어머니이며, 프리아모스(Priamos)는 헥토르의 아버지로 트로이아 전쟁 때 트로이아의 왕이다.

사 여신에게, 다른 시인은 저 무사 여신에게 매달려 있지요. 우리
는 그것을 '씌었다'[40]고 하는데, 사실상 같은 뜻이지요. 그는 '붙들
b 려[41] 있으니'까요. 시인들이라는 이 첫 번째 반지들에는 각각 다른
자들이 매달려 영감을 받는데, 더러는 오르페우스에, 더러는 무
사이오스[42]에, 그러나 대부분은 호메로스에 붙들리고 씌었소. 이
온, 그대도 그중 한 사람으로 호메로스에 사로잡힌 것이오. 그래
서 누가 다른 시인의 작품을 노래하면 그대는 졸리고 할 말이 궁
해지는 것이오. 그러나 누가 호메로스의 노래를 부르기 시작하면
그대는 당장 졸음이 가시며 혼이 춤추는 가운데 할 말이 많아지
c 는 것이라오. 그도 그럴 것이, 그대가 말하는 것을 말할 수 있는
이유는 호메로스에 관한 전문 기술이나 전문 지식 덕분이 아니라,
신의 은덕 때문이고 그대가 씌었기 때문에 가능한 것이오. 마치 코
뤼반테스들이 자신들을 붙들고 있는 신에게서 유래하는 노래에
는 귀가 밝아 그 곡조에 맞춰 몸짓도 할 말도 많아지지만 다른 노
래에는 관심이 없듯, 이온, 그대도 누가 호메로스를 언급하면 할
d 말이 많지만 다른 시인들에 대해서는 할 말이 궁한 것이라오. 그
래서 그대가 호메로스에 관해서는 할 말이 많은데 다른 시인들에
대해서는 그렇지 않은 이유가 무엇인지 묻는다면, 나는 그대가 호
메로스를 찬양하는 데 능한 까닭은 전문 기술 덕분이 아니라 신
의 은덕 때문에 그런 것이라고 말하겠소.

이온 좋은 말이오, 소크라테스 선생. 하지만 내가 호메로스를 찬
양할 때 씌었거나 미쳤다는 것을 그대가 그럴듯한 말로 설득할 수

있다면, 나는 정말로 놀라움을 금치 못할 것이오.

소크라테스 나는 그대가 호메로스를 얼마나 멋지게 치장했는지 정 말로 듣고 싶소.[43] 하지만 다음 질문에 그대가 답변하기 전에는 듣 e 지 않겠소. 그대는 호메로스의 주제 가운데 어떤 것에 관해 말을 잘하시오? 설마 그대가 호메로스의 모든 주제에 관해 말을 잘하 는 것은 아닐 테니 말이오.

이온 소크라테스 선생, 잘 알아두시구려. 나는 그분의 모든 주제 에 관해 예외 없이 말을 잘한다오.

소크라테스 호메로스가 말한 것이라도 그대가 모르는 주제들에 관해서는 분명 그렇지 않겠지요.

이온 호메로스가 말했는데 내가 모르는 주제들이라니, 그게 어떤 것이지요?

소크라테스 호메로스는 전문 기술들에 관해 군데군데 말을 많 537a 이 하고 있지 않나요? 이를테면 전차(戰車) 모는 기술 같은 것 말 이오. 그 시행들이 기억난다면 내가 그대에게 말해줄 수 있으 련만.

이온 아니, 내가 읊겠소. 나는 기억하고 있다오.

---

40 katechetai.
41 echetai.
42 무사이오스(Mousaios)는 그리스의 전설 속 가인이다.
43 539d 참조.

소크라테스 그렇다면 죽은 파트로클로스를 기리기 위해 개최된 전차 경주에서 반환점에 주의하라고 당부하며 네스토르가 아들 안틸로코스[44]에게 했던 말을 읊어보시오.

이온 너 자신은 잘 엮은 전차 위에서 말들의 왼쪽으로

b   몸을 살짝 구부리도록 하라. 그리고 오른쪽 말에게는

소리치고 채찍질하며 손에서 고삐를 늦춰주도록 하라.

하지만 왼쪽 말은 튼튼하게 만든 바퀴통이

그 끝을 살짝 스친다고 생각될 정도로

반환점에 바싹 붙여 몰되, 돌에 닿지 않도록 조심하라![45]

c   **소크라테스** 그만하면 됐소. 그런데 이온, 이 시구에서 호메로스가 바른말을 하는지 아닌지 누가 더 잘 판단할 수 있겠소? 의사일까요, 마부일까요?

이온 그야 물론 마부이지요.

소크라테스 그것은 마부가 이 분야의 전문가이기 때문인가요, 아니면 다른 이유 때문인가요?

이온 아니, 그가 이 분야의 전문가이기 때문이지요.

소크라테스 그렇다면 모든 전문 기술의 특정 활동을 이해하는 능력은 신이 부여한 것이겠지요? 우리가 조타술에 의해 아는 것을 의술에 의해서는 알지 못하니 말이오.

이온 물론 그렇게 알 수는 없지요.

소크라테스 그리고 의술에 의해 아는 것을 건축술에 의해서는 알지 못하오.

이온 물론 알지 못해요.

소크라테스 그럼 우리가 어떤 전문 기술에 의해 아는 것을 다른 전 [d] 문 기술에 의해서는 알지 못한다는 이 원칙은 모든 전문 기술에도 적용되겠지요? 그러나 대답하기 전에 먼저 다음에 대해 말해주시오. 그대는 전문 기술에는 서로 다른 여러 종류가 있다는 데 동의하시오?

이온 네, 동의하오.

소크라테스 그도 그럴 것이, 같은 대상을 다루는 하나의 전문 지식 [e] 이 있다면, 두 전문 기술이 같은 지식을 제공하는데 어찌 서로 다른 전문 기술이라 할 수 있겠소? 예를 들어 이 손가락들을 봅시다. 나는 손가락이 다섯 개라는 사실을 알고 있고, 그대도 손가락에 관해 내가 알고 있는 바를 알고 있소. 그런데 지금 내가 그대에게 그대와 나 두 사람에게 이런 사실을 가르쳐주는 것은 산술이라는 같은 전문 기술인지 아니면 두 가지 상이한 기술인지 묻는다면, 그대는 물론 같은 전문 기술이라고 말하겠지요.

---

44 파트로클로스(Patroklos)는 트로이아 전쟁 때 아킬레우스의 전우로, 헥토르의 손에 죽었다. 네스토르(Nestor)는 트로이아 전쟁 때 그리스군에 조언을 해준 노장이고, 안틸로코스(Antilochos)는 그의 아들이다.
45 『일리아스』 23권 335~340행.

이온 네, 그래요.

소크라테스 그럼 그대는 내가 조금 전에 던진 질문에 대답해주시오. 이런 원칙은 모든 전문 기술에 적용되나요? 그래서 같은 전문 기술은 같은 대상들에 관해 가르쳐주고, 다른 전문 기술은 다른 전문 기술이므로 같은 대상들이 아니라 다른 대상들에 관해 가르쳐주는 것인가요?

이온 소크라테스 선생, 나는 그렇다고 생각해요.

소크라테스 그렇다면 어떤 전문 기술을 습득하지 못한 사람은 말하여진 것이든 행하여진 것이든 그 전문 기술에 관련된 것들을 제대로 알 수 없겠지요?

이온 옳은 말이오.

b **소크라테스** 그럼 그대가 인용한 시구에서 호메로스가 아름답게 말하는지 아닌지 누가 더 잘 판단할 수 있겠소? 그대요, 아니면 마부요?

이온 마부이겠지요.

소크라테스 그대는 음유시인이지 마부는 아니기에 그렇겠지요.

이온 네.

소크라테스 음유시인의 전문 기술은 마부의 전문 기술과 다른 것이겠지요?

이온 네.

소크라테스 만약 다른 것이라면, 그것은 다른 사물들에 관한 전문 지식이오.

32

이온 네.

소크라테스 네스토르의 애첩(愛妾) 헤카메데가 부상당한 마카온[46]에게 보리 음료를 권한다고 호메로스가 말하는 대목은 어때요? 호메로스는 대충 이렇게 말하지요.

c

> 그녀는 프람네산(産) 포도주에 청동 강판으로 염소 치즈를 갈아 넣었다. 그리고 술맛을 돋우는 양파를 곁들였다.[47]

여기서 호메로스의 말이 맞는지 틀리는지 제대로 판단할 수 있는 것은 의사의 기술인가요, 아니면 음유시인의 기술인가요?

이온 의사의 기술이지요.

소크라테스 어때요, 호메로스가 다음과 같이 말할 때는?

> 그녀는 들에 사는 황소의 뿔 위에 올라앉아
>
> 날고기를 먹는 물고기들에게 죽음의 운명을 가져다주는
>
> 납덩이처럼 바닥을 향해 날래게 내려갔다.[48]

d

---

46 마카온(Machaon)은 아스클레피오스의 아들로, 트로이아 전쟁 때 그리스군 의사이다(『일리아스』 2권 518행). 헤카메데(Hekamede)는 테네도스(Tenedos) 섬이 함락되었을 때 노장 네스토르에게 상으로 주어진 여인이다.

47 『일리아스』 11권 639·640·630행을 꿰맞춘 것이다.

48 『일리아스』 24권 80~82행. 여기서 '그녀'란 신들의 여자 전령 이리스(Iris)를 가리키는 말이다.

여기서 호메로스의 말이 무슨 뜻인지, 호메로스의 말이 맞는지 틀리는지 판단하는 것은 어부의 전문 기술이라고 해야 하오, 아니면 음유시인의 전문 기술이라고 해야 하오?

이온 소크라테스, 그건 분명 어부의 기술이오.

소크라테스 그럼 고찰해보시오. 그대가 질문하는 사람으로서 내게 묻는다고 가정해보시오. "소크라테스, 그대는 이런 모든 전문 기술을 위해 호메로스에서 각각의 전문 기술이 판단해야 할 구절들을 찾아내고 있으니, 그대는 예언자와 예언술을 위한 구절들도, 그러니까 제대로 작시되었는지 잘못 작시되었는지 예언자가 판단할 수 있는 구절들도 말해주시오." 그대는 내가 맞는 대답을 얼마나 척척 쉽게 하는지 보시오. 호메로스는 『오뒷세이아』에서 멜람푸스[49] 집안의 예언자 테오클뤼메노스가 구혼자들에게 말해주는 것과 같은 말을 여러 군데에서 하고 있소.

539a
아아, 불쌍한 자들! 그대들은 어찌 이런 고통을 당하고 있는가?
그대들의 머리와 얼굴과 무릎은 밤의 어둠에 싸여 있구나.
게다가 비명이 활활 타오르고, 그대들의 뺨은 눈물에 젖었구나.
현관과 안마당은 암흑을 향해 에레보스로 달려가는
사자(死者)들의 그림자로 가득 찼도다. 해는 하늘에서

b
사라지고 고약한 안개가 세상을 온통 뒤덮는구나.[50]

그런 시구는 『일리아스』에도 여러 군데 나오는데, 이를테면 '방벽에서의 전투'[51]에서 호메로스는 다음과 같이 말하고 있소.

호(濠)를 건너기를 바라던 그들에게 새가 나타났다.

그것은 높이 나는 독수리로 백성들 앞을 지나 왼쪽으로

날았는데, 발톱에는 아직도 살아서 버둥대는 크고 시뻘건   c

뱀을 차고 있었다. 그러나 뱀은 결코 전의를 잃지 않고

머리를 틀더니 자기를 움켜잡고 있는 독수리의 목 바로 옆

가슴을 깨물었다. 그러자 독수리가 고통을 참다못해

뱀을 땅에 내던져 무리들 한가운데로 던지고는

소리 내어 울며 바람의 입김을 타고 날아가버렸다.[52]   d

단언컨대, 이 시구와 이와 같은 시구들은 예언자가 검토하고 판단

해야 할 것이오.

이온 소크라테스 선생, 과연 옳은 말이오.

소크라테스 이온, 그러는 그대의 말도 옳소이다. 자, 이번에는 그

---

49 멜람푸스(Melampous)는 그리스의 전설적인 예언자이다. 테오클뤼메노스
(Theoklymenos)의 계보에 관해서는 『오뒷세이아』 15권 225~256행 참조.

50 『오뒷세이아』 20권 351~357행. 354행은 빠졌다. 에레보스(Erebos)는 태초의
암흑이다.

51 teichomachia. 트로이아군이 그리스군의 방벽을 공격하는 『일리아스』 12권의
별칭이다.

52 『일리아스』 12권 200~207행.

대가 내게 말해주시오. 내가 그대를 위해 『오뒷세이아』와 『일리아스』에서 예언자와 의사와 어부와 연관된 시구들을 지적해주었듯이, 이온, 그대는 나보다 호메로스에 더 정통하니 나를 위해 음유시인과 음유시인의 기술에 속하는 시구들을, 음유시인이 어느 누구보다 더 잘 검토하고 더 잘 판단할 수 있는 시구들을 지적해주시오.

이온 소크라테스 선생, 나는 모든 시구가 다 그렇다고 단언하오.

소크라테스 이온, 설마 모든 시구가 다 그렇다고 주장하는 것은 아니겠지요. 그대는 그토록 건망증이 심하시오? 건망증이 심한 것은 음유시인에겐 어울리지 않을 텐데요.

이온 어째서 내가 건망증이 심하다는 건가요?

소크라테스 그대는 음유시인의 전문 기술이 마부의 전문 기술과 다르다고 말한 사실도 기억나지 않으시오?

이온 기억나요.

소크라테스 그대는 또한 둘은 서로 다른 만큼 다른 것들을 알게 되리라는 데 동의했지요?

이온 네.

소크라테스 그럼 그대의 논리대로라면 음유시인의 전문 기술도, 음유시인도, 모든 것을 다 알지는 못하겠구려.

이온 하지만 소크라테스 선생, 그런 것들은 예외라오.

소크라테스 '그런 것들은 예외'라는 말은 '다른 전문 기술들에 속하는 거의 모든 것이 예외'라는 뜻이겠지요. 하지만 그것은 음유시인이 모든 것을 안다는 뜻이 아니고 무엇이겠소?

이온 내 생각에, 남자나 여자 또는 노예나 자유민 또는 피치자(被治者)나 치자(治者)가 말하기에 알맞은 것들이 거기에 속하는 것 같아요.

소크라테스 그렇다면 그대는 배가 바다에서 폭풍을 만났을 때 치자가 어떤 말을 해야 하는지, 선장보다 음유시인이 더 잘 알 것이라고 생각하시오?

이온 아니요. 그런 경우에는 선장이 더 잘 알겠지요.

소크라테스 치자가 환자를 돌볼 경우 무슨 말을 해야 하는지, 의사보다 음유시인이 더 잘 알까요?

이온 그런 경우에도 아니에요.

소크라테스 하지만 음유시인은 노예가 무슨 말을 해야 하는지는 안다는 말인가요?

이온 그렇소.

소크라테스 이를테면 성난 소 떼를 진정시키기 위해 소 치는 노예가 무슨 말을 해야 하는지, 음유시인은 알아도 소 치는 목자는 모를 것이란 말인가요?

이온 그렇지는 않소.

소크라테스 실 잦는 여인이 양모 가공과 관련하여 무슨 말을 해야 하는지, 음유시인이 알까요?

이온 아니요.

소크라테스 그러나 남자가 장군으로서 대원들을 격려할 때는 무슨 말을 해야 하는지, 음유시인이 알까요?

이온 네, 그런 것은 음유시인이 알겠지요.

소크라테스 어때요? 음유시인의 전문 기술은 장군의 전문 기술과 같은 것인가요?

이온 아무튼 나는 장군이 무슨 말을 해야 하는지 알아요.

소크라테스 이온, 그것은 아마도 그대가 훌륭한 장군이기 때문이겠지요. 만약 그대가 기수(騎手)이자 동시에 키타라 연주자라면, 그대는 잘 조련된 말들과 잘못 조련된 말들을 구별할 수 있을 것이오. 하지만 내가 그대에게 묻는다고 가정해보시오. "이온, 그대가 잘 조련된 말들을 알아보는 것은 어느 전문 기술에 의해서요? 그대를 기수로 만들어주는 전문 기술인가요, 아니면 그대를 키타라 연주자로 만들어주는 전문 기술인가요?" 그러면 그대는 뭐라고 대답하겠소?

이온 나를 기수로 만들어주는 전문 기술이라고 대답할래요.

소크라테스 또한 그대가 훌륭한 키타라 연주자들을 구별한다면, 그것을 가르쳐준 것은 그대를 기수로 만들어주는 기술이 아니라 그대를 키타라 연주자로 만들어주는 기술이라는 데에 그대는 동의할 것이오.

이온 그렇소.

소크라테스 그런데 만약 그대가 장군의 직무를 안다면, 그대가 그것을 아는 것은 장군이기 때문인가요, 아니면 훌륭한 음유시인이기 때문인가요?

이온 내게는 아무런 차이도 없는 것 같아요.

소크라테스 아무런 차이가 없다니, 그게 무슨 뜻이오? 음유시인의 541a
전문 기술과 장군의 전문 기술은 둘이 아니라 하나란 말인가요?

이온 나는 하나라고 생각해요.

소크라테스 그럼 훌륭한 음유시인은 훌륭한 장군이기도 한가요?

이온 그렇고말고요, 소크라테스 선생.

소크라테스 또 훌륭한 장군은 훌륭한 음유시인이기도 하겠네요.

이온 아니, 거기에는 동의하지 않아요.

소크라테스 하지만 훌륭한 음유시인은 훌륭한 장군이기도 하다는
데에 그대는 동의하셨잖아요?

이온 물론 그랬지요. b

소크라테스 그대는 헬라스[53] 최고의 음유시인이지요?

이온 단연코 최고이지요, 소크라테스 선생.

소크라테스 이온, 그대는 장군으로서도 헬라스에서 최고인가요?

이온 소크라테스 선생, 잘 알아두시오. 그것 역시 내가 호메로스
를 공부한 덕분이라오.

소크라테스 이온, 그대가 장군으로서도 음유시인으로서도 헬라스
에서 최고라면, 도대체 왜 장군으로서가 아니라 음유시인으로서
헬라스 땅을 돌아다니시는 것이오? 혹시 그대는 헬라스인들에게 c

---

53 헬라스(Hellas)는 그리스의 그리스어 이름이다.

금관을 쓴 음유시인은 필요불가결해도 장군은 전혀 필요 없다고

생각하시나요?

이온 소크라테스, 우리나라[54]는 그대들 아테나이인들의 지배와

지휘를 받으니 장군이 필요 없소이다. 게다가 아테나이도 라케다

이몬[55]도 나를 장군으로 선출하지는 않을 것이오. 그대들은 자신

들이 충분히 잘해내고 있다고 생각하니까요.

소크라테스 이봐요, 이온. 그대는 퀴지코스의 아폴로도로스[56]를

모르시오?

이온 그는 어떤 사람이죠?

소크라테스 그는 아테나이인들이 여러 번 자신들의 장군으로 선

d 출한 외지인이오. 안드로스 출신 파노스테네스[57]와 클라조메나

이 출신 헤라클레이데스[58]도 외지인이었소. 하지만 그들은 자신

들이 유능하다는 것을 보인 까닭에 우리는 그들에게 장군직과 다

른 관직도 맡기고 있소. 하거늘 그런 우리가 에페소스 출신 이온

을 왜 장군으로 선출하지 않고 명예를 부여하지 않겠소? 그가 자

신이 유능하다는 것을 보인다면 말이오. 더구나 그대들 에페소스

인들은 원래 아테나이인들이고,[59] 에페소스는 어느 도시에도 뒤지

e 지 않는데. 한데 이온, 그대가 호메로스를 찬양할 수 있는 것은 전

문 기술과 전문 지식 덕분이라는 그대의 주장이 옳다면 그대는 내

게 불의를 행하고 있소. 그대는 호메로스에 관해 아름다운 것들

을 많이 안다고 장담하며 내게 보여주겠다고 약속했소. 그러나 그

대는 보여주기는커녕 나를 기만하고 있소. 내가 아까부터 간청해

도 그대는 그대가 능한 것이 대체 무엇인지조차 말해주려 하지 않으니 말이오. 그대는 영락없는 프로테우스[60]요. 그대는 요리조리 몸을 뒤틀며 여러 가지 형상으로 변신하다가, 호메로스에 관한 한 그대가 아주 능통하다는 것을 보여주지 않으려고 마지막에는 장 542a 군의 탈을 쓰고 내 손아귀에서 완전히 빠져나갔으니까요. 만약 그대가 정말로 그 분야의 전문가인데, 내가 방금 말했듯이, 나를 속이기 위해 호메로스에 관해 그대가 정통하다는 것을 보여주겠다

54 에페소스는 델로스(Delos) 동맹의 회원국으로 기원전 412년 이오니아 지방의 도시들이 아테나이에 반기를 들 때까지는 아테나이의 통제 아래 있었다. 그래서 대화편 『이온』은 기원전 412년 이전의 펠로폰네소스 전쟁 때 쓰여진 것으로 추정된다.

55 라케다이몬(Lakedaimon)은 여기에서 스파르테(Sparte 라/Sparta)와 동의어이다.

56 여기에 나오는 아폴로도로스(Apollodoros)에 관해서는 장군이었다는 것 말고는 달리 알려진 것이 없다. 퀴지코스(Kyzikos)는 프로폰티스 해(Propontis 지금의 마르마라 해) 남안에 있는 도시이다.

57 파노스테네스(Panosthenes)에 관해서는 크세노폰(Xenophon)의 『그리스 역사』(Hellenika) 1권 5장 18절에서 약간 언급되고 있다. 안드로스(Andros)는 에게 해 남부에 있는 섬이다.

58 헤라클레이데스(Herakleides)에 관해서는 아리스토텔레스의 『아테나이인들의 정체(政體)』(Athenaion politeia) 41장 3절에서 약간 언급되고 있다. 클라조메나이(Klazomenai)는 소아시아 이오니아 지방의 도시이다.

59 전설에 따르면, 에페소스는 아테나이 왕 코드로스(Kodros)의 아들 안드로클로스(Androklos)가 창건했다고 한다.

60 프로테우스(Proteus)는 자유자재로 변신할 수 있는 해신(海神)이다. 『오뒷세이아』 4권 384~461행 참조.

고 약속한 것이라면, 그대는 내게 불의를 행하는 것이오. 하지만 만약 그대가 그 분야의 전문가도 아닌데, 내가 말했듯이 신의 은덕으로 호메로스에 씌어 알지도 못하면서 그에 관해 멋진 말을 늘어놓는 것이라면, 그대는 내게 불의를 행하는 것이 아니오. 그러니 둘 중 하나를 고르시오. 그대는 우리가 그대를 불의한 사람으로 여기기를 원하시오, 아니면 신들린[61] 사람으로 여기기를 원하시오?

b **이온** 소크라테스 선생, 그것은 큰 차이지요. 신들린 사람으로 여겨지는 것이 훨씬 더 아름다우니까요.

소크라테스 이온, 그렇다면 우리는 그게 더 아름답다고 생각하겠소. 전문가로서가 아니라, 신들린 사람으로서 호메로스를 찬양하는 것 말이오.

---

61 theios, '신적인'.

크라튈로스

헤르모게네스 그렇다면 여기 계신 소크라테스님도 우리 논의에 참여하시게 할까?

크라튈로스 자네만 괜찮다면.

헤르모게네스 소크라테스님, 여기 있는 크라튈로스의 주장에 따르면 존재하는 사물에는 저마다 올바른 이름이 있는데, 그것은 본성적인 것이지 관습적인 것이 아니래요. 말하자면 그것은 그 사물에 적용하기로 인간들이 합의한 목소리의 일부가 아니라, 사물에

는 본성적으로 올바른 이름이 있는데, 이 점은 헬라스[1]인들에게나 이민족[2]에게나 마찬가지래요. 그래서 내가 그의 이름 크라튈로스는 맞는 이름이냐고 물었더니 그렇다고 대답하더군요. 이어서 "소크라테스님에게는 어떤 이름이 맞지?" 하고 내가 물었더니, "그야 소크라테스라는 이름이지" 하고 그가 대답하더군요. "그 점은 누구에게나 다 마찬가지 아닌가? 우리가 각자를 부르는 바로 그 이

44

름이 그의 이름 아닌가?" 하고 내가 물었더니, "하지만 자네 이름
은 헤르모게네스[3]가 아닐세. 세상 사람들이 모두 자네를 그렇게
부른다 해도" 하고 그가 대답하더군요. 그래서 내가 그게 도대체
무슨 뜻인지 설명해달라고 간청하자, 그는 분명하게 말해주기는 384a
커녕 나를 갖고 놀지 뭐예요. 그가 분명하게 말하기만 하면 그에게
동조하여 이름에 관해 나도 그와 똑같은 주장을 하도록 설득할
수 있는 해답을 알고 있는 척하면서 말이에요. 그러니 그대가 크
라튈로스의 신탁 같은 말을 어떻게든 해석하실 수 있다면 나는 기
꺼이 듣고 싶어요. 아니, 그보다는 이름의 올바름에 관한 그대만
의 의견이 무엇인지 듣고 싶어요. 그대만 괜찮으시다면.

소크라테스 힙포니코스의 아들 헤르모게네스, 아름다운 것들은 b
알기 어렵다는 옛 속담도 있지만, 무엇보다 이름에 관해 안다는
것은 분명 쉬운 일이 아닐세. 내가 만약 프로디코스[4]의 50드라크
메[5]짜리 강의를 들었더라면—그는 자신의 강의를 듣는 사람은 필

---

1 Hellas. 그리스.

2 barbaros.

3 헤르모게네스(Hermogenes)는 '헤르메스(Hermes) 신의 종족'이라는 뜻이다.
헤르메스는 신들의 전령이자 상업과 무역을 보호하는 재신(財神)이다. 헤르모게
네스는 재산을 모으는 데 성공하지 못했다.

4 프로디코스(Prodikos)는 소크라테스와 동시대를 살던 케오스(Keos) 섬 출신
소피스트이다.

5 드라크메(drachme)는 고대 그리스의 화폐단위로 1드라크메는 6오볼로스
(obolos), 100드라크메는 1므나(mna), 60므나는 1탈란톤(talanton)이다.

요한 전문 지식을 다 갖출 수 있다고 주장했네—이름의 올바름에 관한 자네의 질문에 당장 대답할 수 있었을 텐데. 그러나 나는 그 강의는 듣지 못하고 1드라크메짜리 강의만 들었기에 이 문제에 관한 진실을 알지 못하네. 하지만 자네와 크라튈로스가 공동으로 이 문제를 고찰한다면 나는 기꺼이 협력하겠네. 그런데 헤르모게네스가 자네 진짜 이름이 아니라는 크라튈로스의 주장에 관해 말하자면, 그는 자네를 놀리는 게 아닌가 싶네. 아마도 그는 자네가 재산을 모으려 했지만 그때마다 실패했다고 생각하는 것 같으니 말일세. 아무튼 내가 방금 말한 것처럼 이런 것들을 안다는 것은 어려운 일일세. 그러니 자네 말이 옳은지 아니면 크라튈로스의 말이 옳은지 알아내기 위해서 우리는 서로 협력하지 않으면 안 되네.

헤르모게네스 소크라테스님, 이 문제에 대해 여기 있는 크라튈로스뿐 아니라 다른 많은 사람과도 대화를 가끔 나누었지만, 어느 누구도 이름의 올바름이 관습과 합의가 아닌 다른 원칙에 근거한다고 나를 설득할 수 없었어요. 내 생각에, 누가 어떤 것에 어떤 이름을 붙이든 그것은 올바른 이름인 것 같으니까요. 또한 누가 그 이름을 다른 이름으로 바꾼다면, 새 이름이 옛 이름 못지않게 올바른 이름이고요. 그것은 이를테면 우리가 노예들의 이름을 바꾸는 경우와도 같아요. 어떤 이름도 본성적으로 특정 사물에 속하는 것이 아니라, 무릇 이름은 이름을 사용하는 사람들의 관습과 습관에 따라 결정되니까요. 만약 내가 잘못 생각하고 있는 것이라면, 크라튈로스뿐 아니라 다른 사람에게도 듣고 배울 준비가 되어

46

있어요.

소크라테스 헤르모게네스, 자네 말에 일리가 있는 것 같네만, 과연 385a
그런지 검토해보세. 자네 주장인즉 누가 각각의 사물을 어떻게 부르든 그게 그 사물의 이름이라는 뜻인가?

헤르모게네스 나는 그렇다고 생각해요.

소크라테스 그렇게 부르는 것이 개인이든 국가든 매한가지인가?

헤르모게네스 나는 그렇다고 주장해요.

소크라테스 어떤가? 존재하는 것들 중 하나에 내가 이름을 붙인다고 가정해보게. 이를테면 우리가 지금 '사람'이라고 부르는 것을 내가 '말'[馬]이라 부르고, 우리가 지금 '말'이라고 부르는 것을 내가 '사람'이라 부른다고 가정해보게. 그럴 경우 사람을 공동체는 '사람'이라고 부르는 것이 옳고 나 개인은 '말'이라고 부르는 것이 옳으며, 말을 나 개인은 '사람'이라고 부르는 것이 옳고 공동체는 '말'이라고 부르는 것이 옳을까? 자네는 그렇다고 주장하는가?

헤르모게네스 나는 그렇다고 생각해요. b

[**소크라테스** 그렇다면 다음 질문에 대답해주게. 자네는 어떤 말은 '참'이라고 부르고, 어떤 말은 '거짓'이라고 부르는가?

헤르모게네스 네, 그래요.

소크라테스 그렇다면 '참말'이 있고 '거짓말'이 있겠지?

헤르모게네스 물론이지요.

소크라테스 그렇다면 존재하는 것을 사실 그대로 말하는 것은 '참말'이고 사실과 다르게 말하는 것은 '거짓말'이겠지?

헤르모게네스 네.

소크라테스 그렇다면 말은 존재하는 것들도 존재하지 않는 것들도 표현할 수 있겠구먼?

헤르모게네스 물론이지요.

c **소크라테스** 그런데 참말의 경우, 전체는 참인데 그 부분들은 참이 아닐 수도 있을까?

헤르모게네스 아니요. 그 부분들도 참이겠지요.

소크라테스 큰 부분들은 참이고 작은 부분들은 참이 아닌가? 아니면 모든 부분이 참인가?

헤르모게네스 모든 부분이 참이라고 생각해요.

소크라테스 자네는 말을 이름보다 더 작은 부분들로 나눌 수 있다고 보는가?

헤르모게네스 아니요. 이름이 가장 작은 부분이에요.

소크라테스 그렇다면 이름은 참말의 한 부분으로 말해지는 것이겠지?

헤르모게네스 네.

소크라테스 그렇다면 이름은 참일세, 자네 주장에 따르면.

헤르모게네스 네.

소크라테스 그리고 거짓말의 일부는 거짓이 아닐까?

헤르모게네스 나는 그렇다고 주장해요.

소크라테스 따라서 말이 거짓이거나 참일 수 있다면, 이름도 거짓이거나 참일 수 있겠지?

헤르모게네스 왜 아니겠어요?][6]   d

소크라테스 그렇다면 각자가 어떤 것에 어떤 이름을 붙이든, 그 이름은 그것을 말할 때는 올바른 이름인가?

헤르모게네스 네.

소크라테스 그리고 누가 각각의 사물에 얼마나 많은 이름을 붙이든, 그가 그 이름을 말할 때는 각각의 사물은 그만큼 많은 이름을 갖게 되는가?

헤르모게네스 소크라테스님, 아닌 게 아니라 나는 그것 말고 이름의 다른 올바름을 알지 못해요. 나는 내가 붙인 이름으로 각각의 사물을 부를 수 있고, 그대는 그대가 붙인 이름으로 부를 수 있겠지요. 보아하니 같은 사물들에 나라마다 다른 이름을 붙이니 말   e
이에요. 이를테면 헬라스인들은 이민족들과 다른 이름을 쓰고, 몇몇 헬라스인 부족은 저마다 다른 이름을 써요.

소크라테스 헤르모게네스, 그렇다면 자, 고찰해보세. 자네는 존재하는 것들도 그와 마찬가지여서 프로타고라스[7]의 말처럼 개인에

---

6 이 번역서의 대본인 옥스퍼드 고전 텍스트의 교열자는 [ ] 안에 든 내용을 훗날 가필된 것으로 본다.

7 프로타고라스(Protagoras)는 기원전 485년경 에게 해 북안의 압데라(Abdera)에서 태어난 유명한 소피스트이다.

따라 상대적이라고 생각하는가? 프로타고라스는 인간[8]이 "만물의 척도"[9]라고 말했는데, 그 말은 사물들은 나에게는 나에게 보이는 그런 것으로 존재하고 자네에게는 자네에게 보이는 그런 것으로 존재한다는 그런 뜻이니 말일세. 아니면 자네는 사물들이 나름대로 확고한 실체[10]가 있다고 생각하는가?

헤르모게네스 소크라테스님, 나도 한때 난관에 부딪쳐 프로타고라스의 주장에 빠져든 적이 있었지요. 그렇지만 나는 그의 주장이 옳다고는 전혀 믿지 않아요.

소크라테스 어떤가? 자네는 사악한 인간은 존재할 수 없다고 믿을

b 정도로 그의 주장에 빠져들었는가?

헤르모게네스 제우스에 맹세코, 그렇지 않아요. 오히려 나는 어떤 사람들은 아주 사악하며 그런 사람들이 아주 많다는 믿음에 가끔 빠져들어요.

소크라테스 어떤가? 자네는 아주 훌륭한 사람들이 있다고 생각해 본 적은 없는가?

헤르모게네스 그런 사람들은 극소수였어요.

소크라테스 어쨌든 있다고 생각했다는 말이지?

헤르모게네스 네.

소크라테스 이 점에 대해서는 어떻게 생각하는가? 아주 훌륭한 사람들은 아주 지혜로운[11] 사람들이고, 아주 사악한 자들은 아주 어리석은 자들인가? 자네는 그렇다고 생각하는가?

c **헤르모게네스** 나는 그렇다고 생각해요.

소크라테스 그러나 프로타고라스가 진리를 말했고, 사물들은 각자가 생각하는 그런 것으로 존재한다는 것이 진리[12]라면, 우리 가운데 누구는 지혜롭고 누구는 어리석다는 것이 가능할까?

헤르모게네스 불가능해요.

소크라테스 지혜도 존재하고 어리석음도 존재한다면, 프로타고라스의 말은 결코 진리일 수 없다고 자네는 틀림없이 확신할 걸세. 각자가 참이라고 믿는 것이 각자에게 참이라면, 사실 어느 누구도 다른 사람보다 더 지혜로울 수 없을 테니까.

d

헤르모게네스 그렇고말고요.

소크라테스 그러나 자네는 모든 것이 모든 속성을 언제나 동시에 갖고 있다는 에우튀데모스의 주장[13]도 받아들이지 않을 것이라고 나는 생각하네. 만약 그처럼 모든 것이 미덕[14]과 악덕[15]을 언제나 동시에 갖고 있다면, 어떤 사람들은 훌륭하지만 다른 사람들은 사

---

8 anthropos.

9 "panton chrematon metron".

10 ousia.

11 phronimos.

12 여기서 소크라테스는 '진리'(aletheia)라는 프로타고라스의 책 제목을 조롱하고 있다.

13 키오스(Chios) 섬 출신 소피스트인 에우튀데모스(Euthydemos)의 이런 주장에 관해서는 플라톤의 다른 대화편 『에우튀데모스』 294a~296c 참조.

14 arete.

15 kakia.

악하다는 것은 불가능할 테니까.

헤르모게네스 옳은 말씀이에요.

소크라테스 만약 모든 것이 모든 속성을 언제나 동시에 지니는 것
도 아니고 사물들이 개인에 따라 상대적인 것도 아니라면, 사물
e 들은 분명 나름대로 확고한 실체를 갖고 있네. 그러니까 사물들은
우리와의 관계 속에서 존재하거나 우리 생각에 따라 이리저리 바
뀌는 것이 아니라, 타고난 실체에 따라 독자적으로 존재한다는 말
일세.

헤르모게네스 소크라테스님, 나도 그렇다고 생각해요.

소크라테스 사물들이 본래 그런 것이라면 사물들의 행위들은 그
와 다를 수 있을까? 아니면 행위들도 실재하는 것들의 한 부류
일까?

헤르모게네스 물론 행위들도 실재하는 것들의 한 부류이지요.

387a **소크라테스** 따라서 행위들도 자신의 본성에 따라 행해지고 우리
의견에 따라 행해지는 것은 아닐세. 이를테면 우리가 존재하는 어
떤 것을 자르려 할 때, 우리가 원하는 도구를 사용해서 우리가 원
하는 방식으로 자른다면 자르는 데 성공하지 못하지만, 어떤 경우
든 자르기에 적절한 도구를 사용해서 자름과 잘림의 본성에 맞게
자른다면 우리는 성공하고 제대로 자를 걸세. 하지만 본성에 반해
자르려 한다면 우리는 실패하고 아무것도 해내지 못할 걸세.

b **헤르모게네스** 나도 그렇다고 생각해요.

소크라테스 그렇다면 우리가 뭔가를 태우려 할 때도 아무 의견[16]이

아니라 올바른 의견에 따라 태워야 하지 않을까? 어떻게 태워지고 태우는 것이 각각의 사물의 본성에 맞으며, 어떤 도구가 그 본성에 맞는지 말해주는 의견 말일세.

헤르모게네스 그렇고말고요.

소크라테스 다른 행위들도 마찬가지겠지?

헤르모게네스 물론이지요.

소크라테스 말하기도 행위의 한 종류가 아닐까?

헤르모게네스 네, 그래요.

소크라테스 그렇다면 누가 제멋대로 말한다면 올바르게 말하게 될까? 아니면 그는 본성에 맞는 도구를 사용하여 사물들을 말하고 사물들이 말해지는 본래의 방법으로 말한다면 말하는 데 성공하겠지만, 그렇게 하지 않으면 실패하고 아무것도 해내지 못할까?

헤르모게네스 그대가 말씀하신 대로일 것 같아요.

소크라테스 이름 부르기는 말하기의 일부이겠지? 이름을 불러야 말이 성립되니까.

헤르모게네스 물론이지요.

소크라테스 그렇다면 이름 부르기도 행위의 일종이겠지? 말하기가 사물들에 관련된 행위의 일종이라면 말일세.

헤르모게네스 네.

16 doxa.

d **소크라테스** 그런데 행위들은 우리와의 관계 속에서 존재하는 것이 아니라 나름대로 고유한 본성을 갖는 것으로 밝혀지지 않았는가?

헤르모게네스 그랬지요.

소크라테스 그렇다면 앞서 말한 것과 일치하려면 우리는 사물들의 본성에 맞는 도구를 사용해 사물들의 이름을 부르고 사물들의 이름이 불리는 본래의 방법으로 이름을 불러야지, 우리 멋대로 이름을 불러서는 안 되겠지? 그래야만 우리는 이름 부르기에 성공하고, 다른 방식으로는 실패하겠지?

헤르모게네스 그런 것 같아요.

소크라테스 또한 우리는 잘라야 할 것은 뭔가를 사용해서 잘라야 한다고 말했지?

헤르모게네스 네.

e **소크라테스** 직조(織造)해야 할 것도 뭔가를 사용해서 직조해야 하고, 구멍을 뚫어야 할 것도 뭔가를 사용해 구멍을 뚫어야겠지?

헤르모게네스 물론이지요.

소크라테스 이름 불러야 할 것도 뭔가를 사용해 이름 불러야겠지?

388a **헤르모게네스** 그렇고말고요.

소크라테스 구멍을 뚫을 때 사용하는 도구는 무엇인가?

헤르모게네스 송곳이지요.

소크라테스 직조할 때 사용하는 도구는 무엇인가?

헤르모게네스 북이지요.

소크라테스 이름 부를 때 사용하는 도구는 무엇인가?

헤르모게네스 이름이지요.

소크라테스 좋았어. 그러니까 이름도 도구의 일종일세.

헤르모게네스 물론이지요.

소크라테스 그런데 내가 "북은 어떤 종류의 도구인가?"라고 묻는다고 가정해보게. 그 답은 "직조하는 데 사용하는 도구이지요"가 아닐까?

헤르모게네스 맞아요.

소크라테스 우리는 직조할 때 무엇을 하는가? 엉킨 날실과 씨실들을 분리하는 게 아닐까?　　　　　　　　　　　　　b

헤르모게네스 네, 그래요.

소크라테스 자네는 송곳과 다른 도구에 대해서도 비슷한 대답을 할 수 있겠지?

헤르모게네스 물론이지요.

소크라테스 자네는 이름에 대해서도 같은 말을 할 수 있겠지? 이름은 도구인 만큼 우리는 이름을 부르며 무엇을 하는가?

헤르모게네스 대답할 수가 없네요.

소크라테스 우리는 서로 뭔가를 가르치고 사물들을 그 본성에 따라 분류하는 게 아닐까?

헤르모게네스 맞아요.

소크라테스 그렇다면 이름은 가르치는 도구이자 존재를 분류하는 도구일세. 마치 북이 직조공의 실을 분리하듯 말일세.　　　　c

헤르모게네스 네.

소크라테스 그렇다면 북은 직조공의 도구인가?

헤르모게네스 왜 아니겠어요?

소크라테스 그렇다면 직조공은 북을 잘 사용할 텐데, 여기서 '잘'이란 '직조공답게'라는 뜻일세. 그리고 교사는 이름을 잘 사용할 텐데, 여기서 '잘'이란 '교사답게'라는 뜻일세.

헤르모게네스 네.

소크라테스 직조공이 북을 사용할 때 누구의 제작물을 잘 사용하는가?

헤르모게네스 목공의 제작물이지요.

소크라테스 모든 사람이 목공인가, 아니면 그 방면의 기술을 갖춘 사람이 목공인가?

헤르모게네스 그 방면의 기술을 갖춘 사람이지요.

d   **소크라테스** 구멍 뚫는 사람이 송곳을 사용할 때 누구의 제작물을 잘 사용하는가?

헤르모게네스 대장장이의 제작물이지요.

소크라테스 모든 사람이 대장장이인가, 아니면 그 방면의 기술이 있는 사람이 대장장이인가?

헤르모게네스 그 방면의 기술이 있는 사람이지요.

소크라테스 좋았어. 교사가 이름을 사용할 때 누구의 제작물을 사용하는가?

헤르모게네스 그 역시 대답할 수 없네요.

소크라테스 자네는 우리가 사용하는 이름들을 누가 제공하는지는 말할 수 있을 것 아닌가?

헤르모게네스 아니, 말할 수 없어요.

소크라테스 자네는 우리가 사용하는 이름들을 제공하는 것은 법[17]이라고 생각하지 않나?

헤르모게네스 그런 것 같아요.

소크라테스 그렇다면 교사가 이름을 사용할 때 입법자의 제작물을 사용하겠지?

e

헤르모게네스 그런 것 같아요.

소크라테스 자네가 생각하기에 모든 사람이 입법자인가, 아니면 그 방면의 기술을 가진 사람이 입법자인가?

헤르모게네스 그 방면의 기술을 가진 사람이지요.

소크라테스 그렇다면 헤르모게네스, 이름 짓기는 아무나 할 수 있는 일이 아니라, 이름 짓는 장인(匠人)만이 할 수 있는 일일세. 그리고 그런 사람은 입법자로서 세상의 모든 장인들 중에서 가장 희귀한 존재인 것 같네.

389a

헤르모게네스 그런 것 같아요.

소크라테스 자, 그렇다면 입법자가 이름을 지을 때 어디에 주목하는지 살펴보게. 앞서 논의한 것을 길라잡이로 삼도록 하게. 목공

---

17 nomos. '관습'이라고 번역할 수도 있다.

이 북을 만들 때 어디에 주목할까? 본성적으로 직조하게 되어 있는 그런 것에 주목하지 않을까?

헤르모게네스 물론이지요.

b **소크라테스** 어떤가? 목공이 북을 만들다가 망가지면 망가진 북에 주목하며 다른 북을 만들까, 아니면 망가진 북을 만들 때 주목한 그 형상(形相)[18]에 주목할까?

헤르모게네스 그 형상에 주목할 것 같아요.

소크라테스 그렇다면 그것을 북 자체라고 부르는 것이 가장 옳지 않을까?

헤르모게네스 나도 그렇다고 생각해요.

소크라테스 그러니 목공이 얇은 옷이든 두꺼운 옷이든, 아마포 옷이든 모직 옷이든 그 밖의 다른 옷이든 옷을 만들기 위해 북을 만들어야 할 때, 그것들은 모두 북의 형상을 갖추어야 하지 않을까?

c 또한 그는 개개 제작물에 본성적으로 그것에 가장 적합한 성질을 부여해야 하지 않을까?

헤르모게네스 그래야겠지요.

소크라테스 그 점은 다른 도구들도 마찬가지일세. 장인이 주어진 유형의 작업에 본성적으로 적합한 도구를 찾아내면 그 도구를 만드는 재료에다 그것을 구현해야 하네. 제멋대로가 아니라, 그것의 본성에 맞게 말일세. 이를테면 그는 각각의 용도에 본성적으로 적합한 유형의 송곳을 쇠에다 구현할 줄 알아야 하네.

헤르모게네스 물론이지요.

58

소크라테스 그리고 목공은 각각의 용도에 본성적으로 적합한 유형의 북을 나무에다 구현할 줄 알아야 하네.

헤르모게네스 그렇고말고요.

소크라테스 직조의 종류마다 본성적으로 거기에 적합한 특정 종   d
류의 북이 있고, 다른 종류의 도구들도 그 점은 마찬가지인 것 같
기에 하는 말일세.

헤르모게네스 네.

소크라테스 그렇다면 여보게, 입법자도 각각의 사물에 본성적으
로 적합한 이름을 음성과 음절에다 구현할 줄 알아야 하지 않을
까? 그리고 그는 이름을 짓고 이름을 붙일 때마다 이름 자체에 주
목해야 하지 않을까? 그가 이름 붙이는 사람으로서 권위를 누리
려면 말일세. 그리고 모든 입법자가 같은 음절로 이름을 짓는 것
이 아니라면, 우리는 대장장이들도 같은 유형의 작업을 위해 같은   e
도구를 만들 때 모두 같은 쇠로 만드는 것은 아니라는 점을 명심
해야 하네. 하지만 그들이 쇠에 같은 형상을 부여하는 한, 비록 그
형상이 다른 쇠에 구현되더라도, 그 도구는 이 나라에서 만들어   390a
졌든 이민족의 나라에서 만들어졌든 제대로 된 것일세. 그렇지 않
은가?

헤르모게네스 물론이지요.

---

18 eidos. 대개 idea와 같은 뜻이다.

소크라테스 그렇다면 자네는 이 나라의 입법자든 이민족의 입법자든 그런 기준에 따라 평가하지 않을까? 말하자면 그들이 개별 사물에 거기에 적합한 이름의 형상을 부여하는 한 그것이 어떤 음절에서 구현되든 그들은 똑같이 훌륭한 입법자들이고, 이 나라 사람이냐 아니면 이민족이냐는 문제 되지 않겠지?

헤르모게네스 물론이지요.

b **소크라테스** 그런데 어떤 목재든 거기에 구현된 북의 형상이 적합한지 알 법한 사람은 누구일까? 그것을 만든 목공일까, 아니면 그것을 사용하는 직조공일까?

헤르모게네스 아마도 사용하는 사람이겠지요, 소크라테스님.

소크라테스 그렇다면 뤼라[19] 제작자의 제작물을 사용하는 사람은 누구일까? 그것의 제작과정을 가장 잘 감독할 줄 알고, 그것이 제작되었을 때 잘 제작되었는지 아닌지 알 수 있는 사람이 아닐까?

헤르모게네스 물론이지요.

소크라테스 그게 누구지?

헤르모게네스 뤼라 연주자겠지요.

소크라테스 조선공(造船工)의 작업은 누가 감독하지?

c **헤르모게네스** 선장[20]이겠지요.

소크라테스 이 나라에서든 이민족의 나라에서든 누가 입법자의 작업을 가장 잘 감독할 수 있으며 그 제작물을 판단할 수 있을까? 그것을 사용할 사람이 아닐까?

헤르모게네스 네.

소크라테스 그는 또한 질문할 줄 아는 사람이 아닐까?

헤르모게네스 물론이지요.

소크라테스 그런 사람은 대답할 줄도 알겠지?

헤르모게네스 네.

소크라테스 그리고 질문할 줄 알고 대답할 줄 아는 사람을 자네는 '문답법에 능한 사람'[21]이라는 이름 말고 다른 이름으로 부르는가?

헤르모게네스 아니, 나는 그를 그렇게 불러요.

소크라테스 조타기를 만드는 것은 목공이 할 일이지만, 훌륭한 조   d
타기를 만들려면 선장이 목공을 감독해야 하네.

헤르모게네스 그런 것 같아요.

소크라테스 그리고 이름을 짓는 것은 아마도 입법자가 할 일이겠지만, 이름을 잘 지으려면 문답법에 능한 사람이 입법자를 감독해야 하네.

헤르모게네스 그렇고말고요.

소크라테스 따라서 헤르모게네스, 이름을 짓는 것은 자네 생각처럼 하찮은 일도 아니고, 하찮은 사람이나 아무나 할 수 있는 일이 아닌 듯하네. 그 점에서 크라튈로스의 주장이 옳은 것 같네. 사물   e

---

19 뤼라(lyra)는 고대 그리스의 발현악기이며, 이를 개량한 것이 키타라(kithara)이다. 『이온』 주 19 참조.

20 kybernetes. '키잡이'라고 번역할 수도 있다.

21 dialektikos. '변증술 전문가'라고 번역할 수도 있다.

에는 본래의 이름이 있으며, 누구나 다 이름의 제작자가 아니라 각 사물의 본래 이름에 주목하여 그것의 형상을 문자와 음절에다 구현할 수 있는 사람만이 이름의 제작자라는 그의 주장 말일세.

헤르모게네스 소크라테스님, 그대의 말씀에 어떻게 대답해야 할지

391a 모르겠네요. 하지만 나로서는 갑자기 생각을 바꾸기가 쉽지 않아요. 그러나 그대가 주장하는 이름의 본래적인 올바름이라는 것이 대체 무엇인지 설명해준다면 나를 더 잘 설득하실 수 있을 것 같아요.

소크라테스 여보게 헤르모게네스, 나는 아무것도 주장하지 않네. 조금 전에 나는 알지 못하기에 자네에게 함께 고찰하자고 제의했는데, 자네가 잊었나 보군. 그러나 자네와 함께 고찰하는 동안 우리는 진일보했네. 이름에는 본래적인 올바름이라는 것이 있으며,

b 개별 사물들에 이름을 잘 지어주는 것은 누구나 할 수 있는 일이 아니라는 점을 알았으니 말일세. 그렇지 않은가?

헤르모게네스 물론 그렇지요.

소크라테스 그렇다면 그다음으로 우리가 할 일은 이름의 올바름이란 도대체 무엇인지 알아내는 것일세. 자네가 정말로 그것이 무엇인지 알고 싶다면 말일세.

헤르모게네스 나는 정말로 알고 싶어요.

소크라테스 그렇다면 살펴보게.

헤르모게네스 어떻게 살펴봐야 하나요?

소크라테스 여보게, 가장 좋은 고찰 방법은 이에 대해 아는 사람들

62

과 함께 살펴보는 것일세. 그들에게 돈을 주고 호감을 삼으로써 말일세. '그들'이란 소피스트[22]들인데, 자네 형 칼리아스[23]도 그들에게 거액을 지불하고 지혜롭다는 평을 샀네. 하지만 자네는 아버지의 유산을 지키지 못했으니 형에게 가서 그가 이름의 올바름에 관해 프로타고라스한테 배운 것을 자네에게 가르쳐달라고 부탁하고 간청해야 할 걸세.

헤르모게네스 하지만 소크라테스님, 내가 간청한다면 자가당착에 빠지게 되겠지요. 내가 프로타고라스와 그의 저서 『진리』를 거부하면서도 그가 그의 저서에서 주장하는 것에 어떤 가치를 부여한다면 말이에요.

소크라테스 그게 자네 마음에 들지 않는다면 호메로스[24]나 다른 시인들에게 배워야 할 걸세.

헤르모게네스 소크라테스님, 호메로스는 이름에 관해 어디서 무슨 말을 하고 있나요?

---

22 소피스트의 그리스어 sophistes는 형용사 sophos('지혜로운')에서 파생한 명사로 직역하면 '지혜로운 사람'이라는 뜻이다. 이 말은 기원전 5세기에 보수를 받고 지식을 가르쳐주는 순회 교사들을 의미했다. 그들은 수학, 문법, 지리 등 다양한 과목을 가르쳤지만 사회적 출세를 위하여 젊은이들에게 주로 수사학을 가르쳤다. 그들은 진리의 상대성을 주장한 까닭에 '궤변학파'(詭辯學派)라고 불리기도 한다.

23 Kallias.

24 기원전 730년경에 활동한 고대 그리스의 서사시인이다. 작품으로는 『일리아스』와 『오뒷세이아』가 남아 있다.

소크라테스 여러 군데에서 말하고 있지. 하지만 가장 중요하고 가장 인상적인 곳은 그가 같은 사물에 대한 인간들의 이름과 신들의 이름을 구별하는 대목들일세. 자네는 그가 이들 대목에서 이름의 올바름과 관련해 중요하고도 놀라운 정보를 제공하고 있다고 생각하지 않는가? 적어도 신들은 사물을 본성적으로 올바른 이름으로 부를 것이 확실하니까. 아니면 자네는 그렇게 생각하지 않는가?

헤르모게네스 신들이 사물들의 이름을 부른다면 올바른 이름으로 부를 것이라는 것쯤은 나도 잘 알아요. 하지만 그대는 어떤 대목들을 두고 그렇게 말씀하시는 거죠?

소크라테스 자네는 그가 헤파이스토스[25]와 일대일로 싸운 적이 있는[26] 트로이아[27] 땅의 강에 관해 "그 강을 신들은 크산토스[28]라 부르고, 인간들은 스카만드로스[29]라 부른다"고 한 것[30]을 아는가?

헤르모게네스 물론 알지요.

소크라테스 어떤가? 자네는 그 강을 스카만드로스보다는 크산토스라고 부르는 편이 더 옳다는 것을 아는 것은 경외심을 불러일으킨다고 생각하지 않는가? 또는 자네만 좋다면, 호메로스는 어떤 새에 관해

"그 새를 신들은 칼키스[31]라 부르고 인간들은 퀴민디스[32]라 부른다"[33]

고 하는데, 자네는 그 새를 퀴민디스보다는 칼키스라 부르는 것이
훨씬 더 정확하다는 것을 아는 게 하찮은 일이라고 생각하는가?
또는 어떤 언덕을 바티에이아[34]보다는 뮈리네[35]라 부르는 것[36]이
훨씬 더 정확하다는 것을 아는 게 하찮은 일이라고 생각하는가?
또한 호메로스뿐만 아니라 다른 시인들이 말하는 것들에 대해서   b
도 자네는 그렇게 생각하는가? 하지만 이런 것들은 아마도 우리가
알아내기에는 너무나 어려운 것 같네. 그러나 내 생각에, 헥토르[37]
의 아들 이름이라는 스카만드리오스와 아스튀아낙스[38]라는 이름
에 호메로스가 부여한 올바름을 고찰하는 것은 더 쉽고 인간의
능력으로 감당할 수 있는 일인 것 같네. 물론 자네는 내가 언급한

25 헤파이스토스(Hephaistos)는 불과 불을 이용한 금속공예의 신이다.
26 『일리아스』 21권 342~380행 참조.
27 트로이아(Troia)는 소아시아 북서부에 있던 고대 도시로, 이른바 '트로이아
전쟁'의 무대가 된 곳이다.
28 Xanthos.
29 Skamandros.
30 『일리아스』 20권 74행.
31 chalkis.
32 kymindis.
33 『일리아스』 14권 291행.
34 Batieia.
35 Myrine.
36 『일리아스』 2권 813행 이하.
37 Hektor. 트로이아 전쟁 때 트로이아군의 가장 용감한 장수.
38 Skamandrios. Astyanax.

행(行)들[39]을 알고 있겠지.

헤르모게네스 알고말고요.

소크라테스 자네는 호메로스가 두 이름 가운데 어느 것을 그 소년에게 더 올바른 이름으로 여긴다고 생각하는가? '아스튀아낙스'인가, 아니면 '스카만드리오스'인가?

c **헤르모게네스** 대답할 수가 없어요.

소크라테스 이렇게 생각해보게. 만약 누가 자네에게 "더 지혜로운 사람이 더 올바른 이름을 지어줄까요, 아니면 더 어리석은 사람이 더 올바른 이름을 지어줄까요?"라고 묻는다면, 자네는 뭐라고 대답할 텐가?

헤르모게네스 "분명 더 지혜로운 사람이 그렇게 하겠지요"라고 대답할래요.

소크라테스 자네는 어떤 부류가 전체적으로 더 지혜롭다고 생각하는가? 한 도시의 여자들인가, 아니면 남자들인가?

헤르모게네스 남자들이겠지요.

소크라테스 자네도 알다시피, 호메로스에 따르면 헥토르의 어린 d 아들을 트로이아 남자들은 아스튀아낙스라고 불렀네.[40] 헥토르의 어린 아들을 여자들은 스카만드리오스라고 불렀음이 틀림없겠지? 남자들은 아스튀아낙스라고 불렀으니까.

헤르모게네스 그런 것 같아요.

소크라테스 호메로스도 트로이아인들을 그들의 여인들보다 더 지혜롭다고 생각하지 않았을까?

66

헤르모게네스 내 생각에는 그랬을 것 같아요.

소크라테스 그렇다면 호메로스는 그 소년에게는 '스카만드리오스'보다 '아스튀아낙스'가 더 올바른 이름이라고 생각했겠지?

헤르모게네스 그럴 것 같아요.

소크라테스 그렇다면 그 이유를 따져보세. 아니면 호메로스 자신이 우리에게 그 이유를 가장 잘 설명해주는 것 아닐까? 그는 다음과 같이 말하고 있으니까.

그는 혼자서 도시와 긴 성벽들을 지켜주었지.[41]   e

그러니까 지켜준 사람의 아들을 아스튀아낙스[42]라고 부르는 것은 옳은 것 같네. 호메로스에 따르면, 그 도성을 지켜준 것은 그의 아버지이니까.

헤르모게네스 그런 것 같아요.

소크라테스 어째서 그런가? 헤르모게네스, 나는 아직 이해하지 못하겠는데, 자네는 이해했단 말인가?

---

39 『일리아스』 6권 402~403행.

40 『일리아스』 12권 506행.

41 『일리아스』 22권 507행. 원전의 2인칭을 3인칭으로, '문들'을 '도시'로 고쳐 읽은 것으로, 헥토르의 아내가 죽은 헥토르에게 하는 말이다.

42 '도성의 주인'이라는 뜻이다.

헤르모게네스 제우스에 맹세코, 사실 나도 이해하지 못하겠어요.

소크라테스 하지만 여보게, 호메로스는 헥토르에게도 이름을 붙이지 않았는가?

헤르모게네스 그래서요?

소크라테스 내가 보기에, 헥토르라는 이름은 아스튀아낙스라는 이름과 아주 닮은 데가 있을뿐더러, 두 이름 모두 헬라스 이름인 것 같네. '아낙스'(anax)[43]와 '헥토르'(hektor)[44]는 둘 다 왕을 가리킨다는 점에서 거의 같은 뜻이니까. 어떤 것의 주인은 의심할 여지 b 없이 그것의 소유자이기도 하니 말일세. 그는 그것을 지배하고 소유하고 가질 것이 분명하니까. 아니면 자네가 보기에 나는 허튼소리를 하고 있으며, 이름의 올바름에 대한 호메로스의 의견을 알 수 있는 어떤 단서를 잡았다고 착각하고 있는 것인가?

헤르모게네스 제우스에 맹세코, 그대는 착각하는 것이 아니라 아마도 어떤 단서를 잡은 것 같아요.

소크라테스 내 생각에는 사자의 새끼는 사자라 부르고, 말의 새끼는 말이라 부르는 것이 옳은 것 같네. 나는 말 아닌 어떤 괴물이 c 말에서 태어나는 경우를 말하는 것이 아니라, 어떤 종에서 그 종의 본래 새끼가 태어나는 경우를 말하는 것이라네. 만약 말이 본성을 거슬러 암소의 새끼인 송아지를 낳는다면 송아지라 불러야지 망아지라 불러서는 안 될 걸세. 또한 만약 사람에게서 사람의 자식이 아닌 것이 태어나면 사람의 자식이라 불러서는 안 될 걸세. 이 점은 나무들도 그 밖의 다른 것들도 마찬가지일세. 자네는

68

동의하지 않는가?

헤르모게네스 동의해요.

소크라테스 좋았어. 자네는 내가 자네를 속이지 못하도록 조심하 d
게. 같은 논리에 따라 왕에게 자식이 태어나면 왕이라 불러야 할
걸세. 이름의 음절들이 같은가 다른가는 문제 되지 않네. 그 의미
만 유지된다면. 또한 자모(字母)를 보태는가 빼는가도 전혀 문제
되지 않네. 그 이름으로 표현된 사물의 실체가 여전히 효력을 발휘
한다면 말일세.

헤르모게네스 그게 무슨 말씀이신지요?

소크라테스 아주 간단하네. 내 말뜻을 자모의 이름들로 설명해보
겠네. 자네도 알다시피, 우리가 자모를 말할 때 우리가 말하는 것
은 자모들의 이름이지 자모들 자체가 아닐세. 그중 네 가지, 즉 Ε
와 Υ와 Ο와 Ω를 제외하고는 말일세.[45] 나머지 자모는 그것이 모 e
음이든 자음이든 모두 다른 자모를 덧붙임으로써 이름을 지어내
네. 그러나 우리가 문제의 자모를 그 기능을 드러내는 식으로 포
함한다면, 우리에게 그 기능을 드러내는 그런 이름으로 자모를 부

---

43 '주인' '임자'.
44 '소유자' '소지인'.
45 소크라테스 시대에는 엡실론(epsilon), 윕실론(ypsilon), 오미크론(omikron),
오메가(omega)라는 자모의 이름은 아직 널리 사용되지 않고, 이들 모음이 내는
소리 자체가 이들 모음의 이름으로 사용되었다고 한다.

르는 것은 옳을 걸세. 예를 들면 베타(bēta β, b)의 경우, 자네도 보다시피 에타(eta η, ē)와 타우(tau τ, t)와 알파(alpha α, a)를 덧붙인다 해도 아무 해를 끼치지 않으며, 이름 전체가 입법자가 의도한 음가(音價)를 가지는 것을 방해하지 않네. 입법자는 자모에 이름 붙이는 법을 그만큼 잘 안 거지.

헤르모게네스 옳은 말씀인 것 같아요.

소크라테스 왕에 대해서도 같은 말을 할 수 있지 않을까? 왕은 아마도 왕의 아들일 테고, 훌륭한 사람은 훌륭한 사람의 아들일 것이며, 잘생긴 사람은 잘생긴 사람의 아들일 테고, 그 밖의 다른 경우도 모두 마찬가지일 걸세. 따라서 괴물이 태어나지 않는 한 모든 종에게는 같은 종이 태어날 것이며, 그렇다면 그것들은 같은 이름으로 불러야 할 걸세. 그러나 그 이름들은 음절들이 다양할 수 있기에 사실은 같은 것인데도 무지한 자들에게는 서로 다른 것으로 보일 걸세. 그것은 마치 의사가 처방하는 약들이 사실은 같은 것인데도 색깔과 냄새가 달라지면 우리에게 다른 약으로 보이는 것과도 같네. 그러나 약효만 고려하고 첨가물에 현혹되지 않는 의사에게는 그 약들이 같은 것으로 보인다네. 이처럼 이름에 관한 전문가도 아마 이름의 기능만 고려하고 어떤 자모가 덧붙여졌느냐 전치(轉置)되었느냐 빠졌느냐, 아니면 같은 이름이 전혀 다른 자모로 표현되었는가에는 현혹되지 않을 걸세. 예를 들어 우리가 방금 논한 '아스튀아낙스'와 '헥토르'라는 이름들이 타우(τ, t) 말고는 같은 자모가 전혀 없는데도 의미가 같은 것처럼 말일세. '아르케폴리스'(Archepolis)[46] 또한 어떤 자모를 이 이름들과 공유하고 있는가? 그럼에도 그것은 같은 의미를 담고 있네. 그 밖에도 많은 이름들이 '왕'을 뜻하며, '장군'을 뜻하는 이름들도 있다네. 아기스(Agis),[47] 폴레마르코스(Polemarchos),[48] 에우폴레모스(Eupolemos)[49]처럼 말일세. 다른 이름들은 의사를 뜻하네. 이아트로클레스(Iatrokles),[50] 아케심브로토스(Akesimbrotos)[51]처럼 말일세. 그 밖에도 우리는 음절과 자모는 다르지만 같은 것을 뜻하는 다른 이름들을 많이 찾아낼 수 있을 걸세. 그런 것 같은가, 그런 것 같지 않은가?

헤르모게네스 그렇고말고요.

d

소크라테스 그렇다면 본성에 맞게 태어난 자들에게는 당연히 낳아준 자들과 같은 이름을 붙여야 할 걸세.

헤르모게네스 물론이지요.

소크라테스 본성을 거슬러 괴물로 태어난 자들은 어떤가? 예컨대 훌륭하고 경건한 사람에게 불경한 자식이 태어난다면, 그는 아버지의 이름이 아니라 자기가 속하는 종의 이름을 가져야 하지 않을

---

46 '도시의 통치자'.
47 '지도자'.
48 '전쟁의 통치자'.
49 '훌륭한 전사'.
50 '명의'(名醫).
51 '인간의 치유자'.

까? 암말이 송아지를 낳은 앞서 예를 든 경우처럼 말일세.

헤르모게네스 물론이지요.

e **소크라테스** 그렇다면 경건한 아버지의 불경한 아들에게는 그가 속하는 종의 이름을 부여해야 하네.

헤르모게네스 그렇고말고요.

소크라테스 그에게는 테오필로스(Theophilos)[52]나 므네시테오스(Mnesitheos)[53] 같은 이름이 아니라, 그와 반대되는 것을 뜻하는 이름을 부여해야 하네. 이름이 올바르려면 말일세.

헤르모게네스 당연히 그래야겠지요, 소크라테스님.

소크라테스 오레스테스(Orestes)[54]라는 이름이 옳듯이 말일세, 헤르모게네스. 그가 이 이름을 우연히 얻게 되었든, 아니면 야수적이고 사납고 산처럼 거친 그의 본성을 나타내려고 어떤 시인이 그에게 이 이름을 붙여주었든 간에 말일세.

395a **헤르모게네스** 그런 것 같아요, 소크라테스님.

소크라테스 그의 아버지 이름도 본성에 맞는 것 같네.

헤르모게네스 그런 것 같아요.

소크라테스 아가멤논(Agamemnon)[55]은 끝까지 참고 견디며 일단 결심한 바를 미덕[56]에 힘입어 끝내 이루어내고야 마는 그런 사람인 것 같으니까. 그의 대군(大軍)이 트로이아에 장기체류한 것과

b 그의 참을성이 그 증거일세. 그러니 아가멤논이라는 이름은 그가 놀랍도록 잘 견딘다는 것(agastos kata ten epimonen)을 뜻하네. 또한 아트레우스(Atreus)[57]라는 이름도 올바른 것 같네. 그가 크뤼

72

십포스[58]를 살해한 것이나 아우 튀에스테스에게 잔혹행위를 저지른 것[59]은 모두 그의 미덕에는 해롭고 파괴적인 것들(atera)이니까. 그런데 그의 이름 형태가 약간 뒤틀리고 은폐되어 있어서 이 사람의 본성을 아무나 알 수 있는 것은 아니지만, 이름에 관해 아는 사람들은 아트레우스라는 이름이 무엇을 의미하는지 충분히 알 수 있네. 잣대가 된 것이 그의 불굴성(to ateires)이든 그의 대담성(to atreston)이든 그의 파괴성(to ateron)이든, 이 이름을 그에게 붙인 것은 어느 모로 보나 정당하니까. 내 생각에 펠롭스(Pelops)[60]라 c 는 이름도 적절한 듯하네. 이 이름은 가까이 있는 것만 보는 자[61]라는 뜻이니까.

52 '신에게 사랑받는 사람'.
53 '신을 잊지 않는 사람'.
54 '산에 사는 사람'. 오레스테스는 아가멤논의 아들로, 10년 만에 전장에서 귀국한 아버지를 살해한 어머니를 죽이고 아버지의 원수를 갚는다.
55 '놀랍도록 잘 버티는 사람'. 아가멤논은 10년 동안 계속된 트로이아 전쟁에서 그리스 동맹군의 총사령관이었다.
56 arete.
57 아가멤논의 아버지이며 펠롭스의 아들이다.
58 Chrysippos. 펠롭스의 미남 아들로, 아트레우스와 튀에스테스(Thyestes)의 배다른 형이다.
59 아트레우스는 튀에스테스의 아들들을 죽여서 그 살점으로 요리를 만들어 튀에스테스에게 잔치를 베푼다.
60 펠롭스는 아트레우스와 튀에스테스의 아버지이며 탄탈로스의 아들이다.
61 pelas('가까이')+opsis('봄' '시각')

헤르모게네스 어째서 그렇지요?

소크라테스 전해오는 이야기에 따르면, 펠롭스는 뮈르틸로스[62]를 살해하면서 그런 살인행위가 훗날 자신의 가문 전체에 어떤 영향을 끼칠 것이며 그의 가문이 어떤 재앙으로 가득 차게 될지 예상도 예견도 못하고, 어떻게든 힙포다메이아와 결혼하고 싶은 욕심에서 당장 눈앞에 있는 것만, 다시 말해 가까이 있는 것만 보았다고 하네. 탄탈로스(Tantalos)[63]에게도 누구나 다 올바른 이름이 붙여졌다고 생각할 걸세. 그에 관한 이야기들이 실화라면 말일세.

헤르모게네스 그게 어떤 이야기들이지요?

소크라테스 그는 살아서는 끔찍한 재앙을 많이 당하다가 결국에는 그의 조국도 완전히 망해버렸고, 죽어 저승[64]에 가서는 머리에 돌덩이를 이고 있었다(talanteia)[65]고 하는데, 이것이 그의 이름과 놀랍도록 맞아떨어진다는 말일세. 그래서 사실은 누가 그를 '가장 짓눌린 자'(talantatos)라고 부르고 싶었는데 이를 숨기고 대신 '탄탈로스'라고 부른 것 같네. 그런 우연에 힘입어 그의 이름은 전설에서 그렇게 변형된 것 같다는 말일세. 그의 아버지라는 제우스에게도 아주 훌륭한 이름이 붙여진 것 같네. 그러나 그 점을 이해하기는 쉽지 않네. 제우스라는 이름은 사실은 한 어구(語句)인데, 우리는 그것을 둘로 나누어 어떤 사람들은 한쪽을 사용하고 어떤 사람들은 다른 쪽을 사용하기 때문이지. 어떤 사람들은 그를 제나(Zena)라고 부르고, 다른 사람들은 디아(Dia)라고 부르니 말일세.[66] 그러나 두 이름이 하나로 결합해 이 신의 본성을 표현하는

74

데, 방금 우리는 이름은 그런 일을 해낼 수 있어야 한다고 말한 바 있네. 우리와 세상 만물에게 만물의 지배자이자 왕[67]만 한 생명

62 뮈르틸로스(Myrtilos)는 펠로폰네소스(peloponnesos) 반도 북서부에 있던 고도(古都) 피사(Pisa)의 왕 오이노마오스(Oinomaos)의 마부이다. 오이노마오스의 딸 힙포다메이아(Hippodameia)와 결혼하려면 그녀의 아버지와 전차 경주를 벌여 이겨야 했는데, 펠롭스는 그의 마부 뮈르틸로스를 매수해 전차 바퀴가 빠지게 함으로써 오이노마오스가 전차에서 떨어져 죽게 만든다. 그러나 약속 이행을 요구하는 뮈르틸로스를 펠롭스가 바닷물에 빠져 죽게 만들자 마부는 죽으면서 펠롭스의 가문을 저주한다. 그리하여 탄탈로스, 펠롭스, 아트레우스와 튀에스테스, 아가멤논과 메넬라오스(Menelaos), 오레스테스와 이피게네이아(Iphigeneia)와 엘렉트라(Elektra)로 이어지는 그의 가문은 고대 그리스에서 가장 저주받은 가문이 된다.

63 탄탈로스는 프뤼기아(Phrygia) 왕으로, 최고신 제우스(Zeus)의 아들이자 펠롭스와 니오베(Niobe)의 아버지이다. 그는 신들의 전지(全知)를 시험해보려고 아들 펠롭스를 죽여서 그 살점을 요리해 신들 앞에 내놓는데, 신들이 미리 알고 그것을 먹지 않고 사지를 복원시켜 펠롭스를 살려준다. 탄탈로스는 이 죄로 저승에서 과일나무 밑 물속에 서 있으면서도 영원한 허기와 갈증에 시달리게 된다. 일설에 따르면, 탄탈로스는 신들의 사랑을 받아 신들의 식탁에 초대받기도 했는데, 거기에서 보고 들은 것을 인간들에게 누설한 죄로 그러한 가혹한 벌을 받았다고 한다.

64 Hades.

65 탄탈로스가 저승에 가서 영원한 허기와 갈증에 시달렸다는 이야기는 널리 알려져 있지만, 플라톤에 따르면 그는 거기에 더해 무거운 돌덩이를 머리에 이고 있었다고 한다.

66 Zeus라는 이름은 사격(斜格)에서 Zen-과 Di-의 두 가지 어간을 갖는데, 앞의 것은 주로 시(詩)에서 사용되고 뒤의 것은 일반적으로 사용된다. Zena와 Dia는 대격(對格)이다.

67 제우스.

(zēn)의 장본인은 없기에 하는 말일세. 그러니 우리가 이 신을 제

나(Zena)와 디아(Dia)라고 부르는 것은 옳네. 이 신을 통해(di'

hon) 만물이 생명(zēn)을 부여받으니까. 하지만 앞서 말한 것처럼

그의 이름은 사실 하나인데도 디아(Dia)와 제나(Zena) 둘로 나뉘

어 있네. 처음 듣는 사람에게는 제우스를 크로노스(Kronos)[68]의

아들이라 부르는 것이 매우 불손하게 들리고, 제우스를 어떤 위대

한 사고(思考 dianoia)의 자식이라 말하는 것이 더 합리적으로 들

릴 걸세. 하지만 사실 크로노스라는 이름은 어린아이(koros)를

뜻하는 것이 아니라, 그의 지성(nous)이 순수하고(katharos) 맑다

는 것을 뜻한다네. 또한 전설에 따르면 크로노스는 우라노스

(Ouranos)[69]의 아들이라고 하는데, 우라노스라는 이름도 제대로

붙여진 걸세. 우러러보는 것을 우라니아(ourania),[70] 즉 높은 곳에

있는 것들을 쳐다보기(horo ta ano)라고 하는 것은 옳으며, 천문

학자들에 따르면 높은 곳에 있는 것들을 쳐다봐야 마음이 순수해

진다고 하니 말일세, 헤르모게네스. 만약 내가 헤시오도스[71]의 계

보(系譜)와 그가 말하는 신들의 더 이전 선조들을 기억할 수 있다

면, 나는 그들의 이름이 올바른지 검토하기를 멈추지 않았을 걸

세. 어디서 왔는지 모르게 지금 갑자기 나를 찾아온 이 지혜가 통

할지 통하지 않을지 끝까지 시험해볼 때까지 말일세.

헤르모게네스 아닌 게 아니라 소크라테스님, 내가 보기에 그대는

갑자기 영감이 떠올라 신탁을 말하는 예언자 같아요.

소크라테스 헤르모게네스, 내게 갑자기 영감이 떠오른 것은 무엇

보다도 프로스팔타[72] 구역 출신인 에우튀프론[73] 덕분인 것 같네. 오늘 새벽 그와 함께 지내며 그의 긴 논의에 귀를 기울였는데, 영감에 사로잡힌 그가 내 귀를 초인적인 지혜로 가득 채우고 내 혼까지 사로잡은 듯하네. 내 생각에 우리는 이렇게 해야 할 것 같네. 오늘은 이 지혜를 사용해 이름을 끝까지 검토하되, 내일은 자네들도 동의한다면 이 지혜를 떠나보내고 우리 자신을 정화해야 하니. 사제든 소피스트든 정화 의식에 능한 사람을 우리가 만난다면 말일세.

헤르모게네스 나는 동의해요. 이름들에 관한 나머지 이야기를 기꺼이 듣고 싶으니까요.

소크라테스 그렇다면 그래야겠지. 우리는 벌써 대략적인 윤곽을 잡았으니, 이름들이 아무렇게나 붙여진 것이 아니라 나름대로 어떤 올바름을 지니고 있음을 이름들 자체가 증언한다는 것을 알아

e

397a

---

68 제우스의 아버지. 크로노스는 형들과 힘을 모아 아버지 우라노스(Ouranos)를 축출하고 우주의 지배자가 되지만, 아들인 제우스 형제들에 의해 권좌에서 축출되어 저승의 가장 깊숙한 곳인 타르타로스(Tartaros)에 유폐된다.

69 하늘.

70 '하늘의'. '천상의'.

71 기원전 700년경에 활동한 그리스의 서사시인이다. 작품으로는 『신들의 계보』와 『일과 날』 등이 남아 있다.

72 프로스팔타(Prospalta)는 앗티케 지방의 174개 구역(區域 demos) 가운데 하나이다.

73 에우튀프론(Euthyphron)은 플라톤의 동명 대화편에 나오는 예언자와 동일 인물인 것 같다.

내기 위해, 우리가 어떤 이름부터 먼저 살펴보기를 자네는 원하는

b 가? 그런데 영웅들과 인간들의 이름은 우리를 속일 수도 있네. 그런 이름들은 선조들의 이름이기에 붙여진 경우가 허다하고,[74] 더러는 우리가 처음에 말했듯이, 전혀 적합하지도 않기 때문일세. 또한 기원(祈願)하는 뜻에서 붙여진 이름도 많은데, 에우튀키데스(Eutychides),[75] 소시아스(Sosias),[76] 테오필로스(Theophilos)[77] 등등이 그렇다네. 내 생각에 그런 이름들은 제쳐놓는 것이 좋을 듯하네. 올바르게 붙여진 이름은 본성적으로 영원불변하는 것과 관계있는 이름들에서 발견할 가능성이 가장 많으니까. 그런 이름들

c 을 지을 때는 신중에 신중을 기하는 것이 마땅하고, 그런 이름 가운데 더러는 아마도 어떤 초인적인 힘에 의해 지어진 것 같기에 하는 말일세.

헤르모게네스 소크라테스님, 좋은 말씀을 하신 것 같아요.

소크라테스 그렇다면 먼저 신들이 '신들'(theoi)이라는 이름으로 불리는 것이 올바른지 살펴보는 게 옳지 않을까?

헤르모게네스 그런 것 같아요.

소크라테스 내 의견은 다음과 같네. 내 생각에 최초의 헬라스[78]인

d 들은 오늘날 많은 이민족들이 믿는 신들인 해와 달과 대지와 별과 하늘만 믿은 것 같네. 그들은 이 신들이 모두 언제나 궤도를 따라 나아가고 달리는 것(theontas)을 보고는 이와 같은 달리는 본성 때문에 이들 신을 신들(theoi)이라고 부른 것일세. 그리고 나중에 다른 신들을 알게 되었을 때 그들은 이들도 같은 이름으로 불렀

78

네. 내 말이 참말인 것 같은가, 아닌 것 같은가?

헤르모게네스 정말이지 참말인 것 같아요.

소크라테스 다음에는 무엇을 살펴볼까?

헤르모게네스 물론 수호신[79]들과 영웅들과 인간들을 살펴봐야겠 〔e〕

지요.

소크라테스 헤르모게네스, 수호신들(daimones)의 정확한 의미가

무엇인가? 내 말에 일리가 있는지 살펴보게나.

헤르모게네스 어서 말씀하세요.

소크라테스 자네는 헤시오도스가 수호신들을 무어라고 말하는지

기억나나?

헤르모게네스 기억나지 않아요.

소크라테스 그가 최초의 인간 종족은 황금족이라고 말하는 것도

---

74 고대 그리스에서는 손자가 할아버지의 이름을 물려받는 것이 관행이었다.

75 ‘행운아’.

76 ‘구원자’.

77 ‘신의 사랑을 받는 사람’.

78 그리스.

79 헤시오도스에 따르면 황금시대(黃金時代)의 인간들은 죽은 뒤 제우스에 의
해 수호신들(daimones 단수형 daimon)이 되었는데, 그들은 인간들에게 행운을
가져다줄 수 있다고 한다. 그리하여 그들은 신과 인간의 중간적인 존재들이 되었
고, 나중에는 위대한 인간들도 사후에 그런 능력이 있는 것으로 여겨졌다. 그래
서 사람들은 인생에서 행복을 누리는 자는 수호신이 도와주는 것으로 믿게 되어,
daimon은 운명 또는 수호신이라는 의미도 지니게 된다. daimon은 문맥에 따라서
는 ‘정령’ ‘신령’으로도 번역할 수 있다.

기억나지 않고?

헤르모게네스 그건 알아요.

소크라테스 그는 그 종족에 관해 이렇게 말하고 있네.

398a

그러나 운명이 이 종족을 감춰버리자

이 종족은 지하에서 착한 수호신들이 되어

재앙을 막아주고 필멸의 인간들을 지켜준다.[80]

헤르모게네스 그래서 어쨌다는 거죠?

소크라테스 내 생각에 그가 말하려는 바는 황금족이 황금으로 만들어졌다는 것이 아니라 훌륭하고 고상하다는 것인 듯하네. 그가 이어서 우리를 철(鐵)의 종족이라고 말하는 것이 그 증거일세.

헤르모게네스 맞아요.

소크라테스 자네 생각에, 요즘 사람들 중에도 훌륭한 사람이 있으

b 면 헤시오도스는 그를 황금족에 속하는 사람이라고 말할 것 같지 않은가?

헤르모게네스 그럴 것 같아요.

소크라테스 그런데 훌륭한 사람들은 다름 아닌 지혜로운 사람들[81] 이겠지?

헤르모게네스 네, 그들은 지혜로운 사람들이에요.

소크라테스 그래서 나는 그가 무엇보다도 그들이 지혜롭고 아는 것이 많기에(daemones) 그들을 수호신들(daimones)이라고 불렀

다고 확신하네. 또한 우리 앗티케[82] 옛 방언에서도 두 낱말은 같은 것을 의미하네. 따라서 훌륭한 사람이 죽으면 큰 몫과 명예를 차지하고 수호신이 된다는 헤시오도스와 그 밖의 다른 시인들의 말은 옳다고 할 수 있네. '수호신'은 지혜의 다른 이름이니까. 그래서 단언컨대 모든 훌륭한 사람은 살아 있거나 죽었거나 수호신적인 성격을 띠므로 '수호신'으로 불리는 것이 옳다네.

헤르모게네스 소크라테스님, 이 이름에 관해서는 나도 그대와 전적으로 동감이에요. 그러면 '영웅'(heros)이라는 이름은 어떤가요?

소크라테스 그건 그다지 어렵지 않네. 이 이름은 조금밖에 변형되지 않아 자신이 사랑(eros)에서 유래했다는 것을 분명히 말해주고 있으니까.

헤르모게네스 무슨 말씀이신지요?

소크라테스 자네는 영웅들이 반신(半神)[83]들이라는 사실을 모르는가?

c

---

80 헤시오도스, 『일과 날』 121~123행. 플라톤은 원전을 조금 고쳐서 인용하고 있다.

81 hoi phronimoi.

82 앗티케(Attike)는 아테나이(Athenai)를 중심으로 하는 그리스 반도 동남부 지방이다.

83 영웅들은 부모 가운데 어느 한쪽만 신이어서 흔히 반신들(hemitheoi)이라고 불린다.

헤르모게네스 그게 어쨌다는 거죠?

d **소크라테스** 그들은 분명 남신이 인간 여자와, 아니면 인간 남자가 여신과 사랑에 빠져 태어났네. 영웅이라는 이름도 앗티케의 옛 방언에 근거해 살펴보면 더 잘 알게 될 걸세. 그러면 영웅(heros)이라는 이름은 영웅들을 태어나게 만든 사랑(eros)이라는 이름을 조금 변형한 것에 불과하다는 사실이 드러난다네.[84] 그들이 영웅들이라고 불리는 것은 이런 이유 때문이거나, 아니면 그들이 지혜로운 사람들이고 탁월한 연설가들이고 질문할(erotan) 줄 아는 문답법 전문가이기 때문일세. '논의하다'(eirein)는 '말하다'(legein)와 같은 것이니까. 따라서 방금 말한 것처럼 앗티케 방언

e 에서 영웅들은 일종의 연설가이자 질문자일세. 그러니 영웅족은 연설가이자 소피스트인 셈이지. 그것을 이해하기란 어렵지 않네. 그러나 인간들(anthropoi)이 도대체 왜 인간들이라고 불리는지 이해하기란 그보다 더 어렵네. 자네가 그 이유를 설명할 수 있겠나?

헤르모게네스 아니, 내가 어떻게 설명하겠어요? 설사 내가 무엇을 찾아낼 수 있다 해도 시도하지 않을래요. 나보다는 그대가 찾아낼 가능성이 더 높다고 생각되니까요.

399a **소크라테스** 자네는 에우튀프론의 영감을 믿는 것 같구먼.

헤르모게네스 믿고말고요.

소크라테스 자네의 믿음은 헛되지 않는 것 같네. 방금 내게 기발한 생각이 떠올랐는데, 조심하지 않으면 나는 오늘 중으로 지나치게

82

지혜로워질 것 같으니 말일세. 그러니 내가 하는 말에 주의하게. 첫째, 우리가 어떤 것에서 이름을 따오려 할 때는 이름들에 종종 자모를 넣기도 하고 빼기도 하며 악센트를 바꾸기도 한다는 점을 명심해야 하네. 이를테면 'Dii philos'[85]의 경우가 그렇다네. 이것을 구(句)에서 이름으로 만들기 위해 우리는 두 번째 이오타(ι, i)를 빼고 가운데 음절을 양음(揚音) 악센트[86] 대신 억음(抑音) 악센트[87]로 발음했네.[88] 반대로 다른 이름들에서는 자모를 삽입하고 억음 악센트를 양음 악센트로 발음하기도 하네.

헤르모게네스 옳은 말씀이에요.

소크라테스 내 생각에 인간들(anthropoi)의 이름도 그런 변화 가운데 하나를 겪은 것 같네. 그것은 어구였는데 알파(α, a)라는 자모가 하나 빠지고 마지막 음절의 악센트가 억음 악센트가 됨으로써 이름으로 바뀌었으니 말일세.

헤르모게네스 무슨 말씀이신지요?

소크라테스 이런 말일세. 인간(anthropos)이라는 이름은 다른 동물들은 자신들이 보는 것을 어느 것도 고찰하거나 헤아리거나 관

b

c

---

84 heros의 옛 앗티케 방언은 heeros이다.

85 '제우스의 사랑을 받는 (사람)'.

86 acute accent.

87 grave accent.

88 Diphilos.

찰하지(anathrei) 않는데, 인간은 보자마자(opope) 자기가 본 것을 관찰하고 헤아린다는 뜻을 가진다는 말일세. 따라서 동물들 가운데 인간만이 '인간'(anthropos)이라고 불리는 것은 옳은 일일세. 인간은 본 것을 관찰하니까(anathron ha opope).

헤르모게네스 그다음 이름은 뭐죠? 내가 설명 듣고 싶은 이름을 물어봐도 되나요?

소크라테스 물론이지.

d   **헤르모게네스** 내가 보기에 순서상 그다음에 해당하는 것이 있는 것 같아요. 우리는 인간을 '혼'(psychē)과 '몸'(sōma)으로 나누기에 하는 말이에요.

소크라테스 왜 아니겠나?

헤르모게네스 그렇다면 우리는 이 이름들도 이전 이름들처럼 분석해보도록 해요.

소크라테스 먼저 '혼'이라는 이름이, 이어서 '몸'이라는 이름이 제대로 붙여진 것인지 살펴보자는 말인가?

헤르모게네스 네.

소크라테스 즉흥적으로 떠오른 생각을 말하자면, '혼'이라는 이름을 붙인 사람들은 다음과 같은 생각을 한 것 같네. 혼은 몸 안에 있을 때는 몸이 살게 해주고 몸에 숨 쉴 수 있는 능력과 새로운 활력을 부여하지만(anapsychon), 이 새로운 활력이 떨어지면 몸은 사멸한다는 생각 말일세. 그래서 그들은 혼을 프쉬케(psyche)라고 부른 것 같네. 하지만 자네만 괜찮다면 잠시 가만있어보게. 에우튀프론의 제자들은 아마 이런 해석을 경멸하며 허튼소리라고 여길 걸세. 하지만 그들에게 이보다 더 설득력이 있는 그 뭔가가 내 눈에 보이는 것 같네. 그러니 이 새로운 해석이 자네 마음에 드는지 살펴보게나.

헤르모게네스 어서 말씀하세요.

소크라테스 자네는 몸이 살아서 돌아다닐 수 있도록 몸 전체의 본성을 유지해주고 지탱해주는 것이 혼이 아닌 다른 것이라고 생각하는가?

헤르모게네스 아니, 다른 것이 아니지요.

소크라테스 어떤가? 다른 모든 것의 본성을 조정하고 유지하는 것은 지성[89]과 혼이라는 아낙사고라스[90]의 주장에 자네는 동의하지 않는가?

헤르모게네스 동의해요.

소크라테스 그러니 본성을 지탱해주고 유지해주는(he physin ochei kai echei) 이러한 능력에는 퓌세케(physeche)[91]라는 이름이 적절할 걸세. 그리고 이는 프쉬케라고 발음하는 것이 더 우아

b

---

89 nous.

90 아낙사고라스(Anaxagoras)는 소아시아 이오니아(Ionia) 지방의 클라조메나이(Klazomenai) 시 출신 자연철학자인데, 기원전 5세기에 주로 아테나이에서 활동했다. 우주를 물리적으로 해석하려 한 까닭에 무신론자라는 이유로 아테나이에서 추방당했다.

91 '본성을 유지해주는'.

할 걸세.

헤르모게네스 물론이지요. 내 생각에도 그런 설명이 다른 설명보다 더 과학적인 것 같아요.

소크라테스 그렇다네. 하지만 원래대로 퓌세케라고 불렀다면 우스꽝스러운 이름이 되었을 걸세.

헤르모게네스 하지만 다음 이름은 우리가 어떻게 설명하지요?

소크라테스 '몸'(sōma) 말인가?

헤르모게네스 네.

소크라테스 이 이름은 여러 가지로 설명할 수 있을 것 같네. 그리고 조금만 변형하면 더 많은 설명도 가능할 걸세. 어떤 사람들은 혼이 금생(今生)에 묻혀 있다고 보고 몸은 혼의 무덤(sēma)이라고 말하는가 하면, 어떤 사람들은 혼은 자기가 원하는 것을 몸으로 표시하기(semainei) 때문에 몸을 표시(sēma)라고 부르는 것이 옳다고 말하네. 하지만 내가 보기에 가장 그럴듯한 설명은 오르페우스[92] 추종자들이 이 이름의 창시자라는 것일세. 그들의 생각은 혼은 모종의 죄를 짓고 벌을 받고 있는데, 몸은 그 이름(sōma)이 말해주듯 혼이 벌을 다 받을 때까지 안전하게 지키는(sōizetai) 울로 둘러싼 곳 또는 감옥이라는 것일세. 그렇게 보면 단 하나의 자모도 바꿀 필요가 없으니까.

헤르모게네스 소크라테스님, 이 이름들에 관해서는 충분히 설명한 것 같아요. 그런데 우리는 다른 신들의 이름도 방금 그대가 제우스라는 이름을 설명한 것과 같은 방법으로 고찰할 수 있지 않을까요? 나는 그들의 이름에는 어떤 종류의 올바름이 적용되었는지 알고 싶어요.

소크라테스 헤르모게네스, 우리는 물론 그렇게 할 수 있네. 한데 우리가 지성인으로서 인정해야 할 최선의 탐구 방법은, 우리는 신들에 관해서는 그들 자신도 그들이 서로 부르는 이름도 전혀 모른다는 것을 시인하는 걸세. 신들이 서로 어떤 이름으로 부르든 그것이 분명 올바른 이름이겠지만. 이름의 올바름에 관한 차선의 탐구 방법은 기도할 때 늘 그러듯 신들이 듣고 좋아할 만한 이름이나 조상의 이름에서 따온 이름[93]을 부르는 걸세. 우리는 다른 이름은 하나도 모르니까. 나는 그것을 좋은 관행이라고 생각하네. 그러니 자네만 괜찮다면 우리는 탐구를 시작하기 전에 먼저 신들에게 고하기로 하세. 우리가 탐구하려는 것은 신들 자신이 아니라 —우리는 감히 우리에게 그럴 능력이 있다고 주장하지 않으니까 —인간들이 대체 어떤 생각에서 신들에게 그런 이름을 붙였는지 알아보려는 것이라고. 그렇게 하는 것은 불경을 저지르는 것이 아닐 테니까.

헤르모게네스 소크라테스님, 그대 말씀이 옳은 것 같으니, 우리 그렇게 하기로 해요.

e

401a

---

92 Orpheus. 그리스의 전설 속 가인(歌人).
93 '누구의 아들 아무개' 하는 식으로.

소크라테스 그러면 관습에 따라 먼저 헤스티아[94]부터 시작할까?

헤르모게네스 그래야겠지요.

소크라테스 자네는 헤스티아에게 헤스티아라는 이름을 붙인 사람이 어떤 생각에서 그랬다고 말할 텐가?

헤르모게네스 제우스에 맹세코, 그건 대답하기 쉬운 질문이 아닌 것 같은데요.

소크라테스 여보게 헤르모게네스, 처음으로 이름을 지은 사람들은 아마도 하찮은 사람들이 아니라 고답적인 사상가나 섬세한 이론가들이었을 걸세.

헤르모게네스 그래서요?

소크라테스 나는 그런 사람들이 이름을 지었을 것이라고 확신하네. 그래서 다른 방언으로 된 이름들을 고찰해도 각각의 이름이 무엇을 뜻하는지 쉽게 알 수 있다네. 우리가 '우시아'(ousia)[95]라고 부르는 것을 예로 들어보세. 어떤 사람들은 그것을 '엣시아'(essia)라 부르고, 다른 사람들은 '오시아'(ōsia)라고 부르네. 그렇다면 먼저 이들 이름 가운데 두 번째 이름에 따르면, 사물의 본질(ousia)은 '헤스티아'라고 부르는 것이 이치에 맞네. 게다가 우리는 본질에 관여하는 것을 '존재한다'(estin)고 말하므로 그런 맥락에서도 '헤스티아'라는 이름은 올바르게 지어진 걸세. 옛날에는 우리도 '우시아'를 '엣시아'라고 부른 것 같으니까. 또한 이를 제물과 관련해 생각해보면 자네는 이름 짓는 사람들이 그런 식으로 이해했다는 결론에 이르게 될 걸세. 사물의 본질을 '엣시아'라고 부르는 사

88

람들이 모든 신들 중에 맨 먼저 헤스티아에게 제물을 바치는 것은 당연하기 때문일세. 한편 '오시아'라는 이름을 사용하는 사람들은 존재하는 것들은 모두 움직이고 머물러 있는 것은 아무것도 없다는 헤라클레이토스[96]의 주장에 꽤나 동조하는 것 같네. 그래서 그들의 주장에 따르면, 만물의 원인과 시작은 추진력(ōthoun)인 만큼 '오시아'라는 이름은 올바르게 지어졌다는 걸세. 이에 관해서는 이쯤 해두세. 우리는 아는 것이 아무것도 없으니까. 헤스티아 다음에는 레아[97]와 크로노스를 살펴보는 것이 옳을 걸세. 하지만 크로노스라는 이름은 이미 살펴보았네. 내가 허튼소리를 하는 건지도 모르겠네만.

헤르모게네스 왜 그런 말씀을 하시는 거죠, 소크라테스님?

소크라테스 여보게, 내 마음에 지혜가 벌 떼처럼 몰려드는구먼.

헤르모게네스 그건 어떤 종류의 지혜인가요?

소크라테스 아주 불합리하게 들리겠지만, 거기에는 나름대로 일리

e

402a

---

94 헤스티아(Hestia 라/Vesta)는 화로 또는 화덕의 여신이다. 고대 그리스인들은 제물을 바치거나 기도하거나 맹세할 때 대개 맨 먼저 이 여신에게 제물을 바치며 이름을 불렀다고 한다.

95 '본질' '실체'.

96 헤라클레이토스(Herakleitos 기원전 540년경~480년경)는 소아시아 이오니아 지방 출신의 '소크라테스 이전 철학자들' 가운데 한 명으로 "만물은 유전한다"(Panta rhei)고 주장했다.

97 레아(Rhea)는 크로노스의 누이이자 아내로, 제우스 형제자매들의 어머니이다.

가 있는 듯하네.

헤르모게네스 어떤 일리가 있다는 거죠?

소크라테스 내가 보기에 헤라클레이토스는 크로노스와 레아의 치세(治世)만큼이나 오래되고 호메로스도 말한 바 있는 지혜의 말을 하고 있는 것 같네.

헤르모게네스 그게 무슨 말씀이신지요?

소크라테스 헤라클레이토스는 어딘가에서 "만물은 움직이며 머물러 있는 것은 아무것도 없다"고 말하고 있고, 존재하는 것들을 강의 흐름에 비기며 "그대는 같은 강물에 두 번 발을 들여놓을 수 없다"[98]고 말하고 있네.

헤르모게네스 그랬지요.

b **소크라테스** 어떤가? 자네는 다른 신들의 선조들에게 '레아'와 '크로노스'라는 이름[99]을 붙인 사람이 헤라클레이토스와 다른 생각을 했을 거라고 보는가? 자네는 그가 두 신에게 '흐름'을 뜻하는 이름을 우연히 붙였을 거라고 생각하는가? 마찬가지로 호메로스도 "오케아노스는 신들의 아버지이며 테튀스는 신들의 어머니"[100]라고 말하고 있네. 나는 헤시오도스도 그렇게 말한다고 생각하며, 오르페우스도 어딘가에서 다음과 같이 말하고 있네.

아름답게 흐르는 오케아노스는 맨 처음으로 결혼식을 올렸는데,
c 같은 어머니에게서 태어난 누이를 아내로 맞아들였다네.

살펴보게. 그들은 모두 한목소리를 내며 헤라클레이토스의 주장 쪽으로 기울고 있네.

헤르모게네스 소크라테스님, 일리 있는 말씀인 것 같아요. 하지만 테튀스라는 이름이 무엇을 뜻하는지 모르겠어요.

소크라테스 그러나 이 이름은 '샘물'의 살짝 은폐된 이름이라는 것을 사실상 이름 자체가 말해주고 있네. '걸러내어진'(diattōmenon)과 '여과된'(ēthoumenon)이라는 표현은 샘물을 의미하는데, 테튀스(Tethys)라는 이름은 이 두 낱말의 합성어이기 때문일세.

헤르모게네스 그럴듯하네요, 소크라테스님.

소크라테스 왜 아니겠나? 다음 이름은 뭐지? 제우스에 대해서는 우리가 이미 논한 바 있네.

헤르모게네스 네.

소크라테스 그렇다면 제우스의 형제들인 포세이돈과 플루톤에 대해 논하되, 플루톤의 다른 이름도 논하기로 하세.

헤르모게네스 그러기로 해요.

소크라테스 내 생각에 포세이돈(Poseidon)이라는 이름을 맨 처음 지은 사람은 그가 걸어서 앞으로 나아가는 것을 파도의 힘이 마치

d

e

---

98 단편 91(Diels/Kranz).

99 여기서 레아(Rhea)는 흐름(rheuma)과 동일시되고, 크로노스(Kronos)는 샘(krounos)과 동일시되는 것 같다.

100 『일리아스』14권 201, 302행. 오케아노스(Okeanos)는 대지를 감돌아 흐르는 거대한 강이고, 테튀스(Tethys)는 그의 누이이자 아내이다.

족쇄(desmos tōn podōn)처럼 방해했기에 그런 이름을 지어준 것 같네. 그래서 그는 이 힘의 주인을 족쇄(posidesmon)라고 보고 '포세이돈'이라 불렀고, 엡실론(epsilon ε, e)은 발음하기 좋으라고 넣은 것 같네. 하지만 그렇지 않을 수도 있네. 이 이름은 원래 시그마(sigma ς, s) 대신 두 개의 람다(lambda λ, l)로 발음되었을 수 있거든. 이 신은 아는 게 많으니까(polla eidotos). 어쩌면 이 신은 지진의 신인지라 '흔드는 자'(ho seiōn)라고 불렸고, 거기에 피(pi π, p)와 델타(delta δ, d)가 덧붙여졌을 수도 있네. 플루톤 (Plouton)[101]은 그가 부(富 ploutos)를 가져다주기에 그런 이름을 얻게 된 걸세. 부는 지하(地下)에서 나오니까. 대부분의 사람들은 하데스(Haidēs)라는 이름이 '눈에 보이지 않는 것'(to aides)과 관련되었다고 보고는 이 이름이 두려워서 이 신을 플루톤이라고 부르는 것 같네.

헤르모게네스 그대 자신은 어떻게 생각하세요, 소크라테스님?

소크라테스 내 생각에 사람들은 이 신의 힘을 여러모로 오해하여 근거 없이 이 신을 두려워하는 것 같네. 이 신과 이 신의 힘이 두려운 까닭은 우리가 일단 죽으면 영원히 그의 영역에 머물기 때문일세. 그리고 혼이 몸을 벗고 그에게로 간다는 것 역시 두렵기 때문일세. 그렇지만 이 모든 사실과 이 신의 임무와 이름은 같은 방향을 가리키고 있네.

헤르모게네스 어째서 그렇지요?

소크라테스 내 생각을 말할 테니 자네는 다음 질문에 대답해주게.

살아 있는 것을 어디든 한곳에 묶어두는 족쇄들 가운데 어느 것이 더 강력한가? 강제인가, 욕구인가?

헤르모게네스 소크라테스님, 욕구가 훨씬 강력하겠지요.

소크라테스 그렇다면 만약 하데스가 자기에게 오는 자들을 가장 강력한 족쇄로 묶어두지 않는다면, 자네는 많은 사람들이 하데스에게서 도망칠 것이라고 생각지 않는가?

헤르모게네스 분명히 그러겠지요.

소크라테스 그러니 가장 강력한 족쇄로 묶어야 한다면 그는 그들을 강제가 아니라 모종의 욕구로 묶어야 할 걸세.

헤르모게네스 그런 것 같아요.

소크라테스 욕구는 여러 가지가 있겠지?

헤르모게네스 네.

소크라테스 따라서 그가 그들을 가장 강력한 족쇄로 묶어두려면   d
욕구들 중에서도 가장 강력한 욕구로 묶어야 할 걸세.

헤르모게네스 네.

소크라테스 누군가와 함께하면 자신이 더 훌륭한 사람이 될 수 있을 것이라는 생각보다 더 강력한 욕구가 있을까?

헤르모게네스 제우스에 맹세코 없지요, 소크라테스님.

소크라테스 그래서 헤르모게네스, 저승에 간 사람은 어느 누구도,

---

101 저승의 신 하데스(Hades)의 다른 이름.

심지어 세이렌[102]들조차도 이승으로 돌아오고 싶어 하지 않는 것
이라고 믿기로 하세. 모두들 하데스의 매력에 홀려서 말일세. 하
데스는 그만큼 아름다운 말을 할 줄 아는 것 같네. 그러니 이런 시
각에서 보면 하데스는 완전한 소피스트이자 자기와 함께하는 이
들에게는 위대한 시혜자(施惠者)일세. 그는 또한 이승에 있는 우
리에게도 좋은 것들을 많이 올려보낸다네. 그곳에서 그는 그만큼
큰 부에 둘러싸여 있으며, 그래서 플루톤이라고 불리는 것이라네.
그는 또한 인간들이 몸을 가지는 동안에는 함께하고 싶어 하지 않

지만 몸의 모든 악과 욕구에서 혼이 정화되면 함께하려 하는데,
이런 점은 그가 철학자라는 것을 보여주는 것이라고 생각되지 않
나? 그리고 이런 상태에서는 인간들을 미덕에 대한 욕구로 묶어
둘 수 있지만 인간들이 몸의 흥분과 광기를 느끼면 그의 아버지
크로노스의 저 유명한 족쇄[103]들조차도 인간들을 자기에게 붙들
어둘 수 없음을 잘 알고 있다는 것을 보여주는 것이라고 생각되지
않는가?

헤르모게네스 일리 있는 말씀 같아요, 소크라테스님.

소크라테스 헤르모게네스, '하데스'(Haides)라는 이름도 '보이지
않는 것'(aeides)에서 파생된 것이 아니라 훌륭한 것들을 모두 '알
고 있다'(eidenai)에서 파생되었으며, 그래서 입법자에 의해 '하데
스'라고 일컬어졌을 가능성이 훨씬 큰 것 같네.

헤르모게네스 좋아요. 데메테르, 헤라, 아폴론, 아테나, 헤파이스
토스, 아레스와 그 밖의 다른 신들에 관해서 우리는 뭐라고 말할

텐가요?

소크라테스 데메테르는 어머니(mētēr)처럼 먹을거리를 주기에 (didousa) '데메테르'(Dēmētēr)라고 불리는 것 같으며, 헤라 (Hera)는 사랑스러운(eratē) 여신일세. 실제로 제우스는 그녀에게 c 반해 결혼했다고 하지 않는가. 하지만 고답적인 사상가인 입법자 는 자연현상을 염두에 두고는 이를 감추기 위해 대기(aēr)의 첫 자 모 a를 끝으로 옮겨 그녀를 '헤라'(Hera)라고 불렀을 수도 있네. 헤 라라는 이름을 되풀이해서 발음해보면 그렇다는 것을 알게 될 걸 세. '페르레팟타'(Pherrephatta)라는 이름은 '아폴론'(Apollon)이 라는 이름과 마찬가지로 많은 사람들이 두려워하는데, 이는 그들 이 이름의 올바름에 관해 무지하기 때문일세. 그들이 '페르레팟타' 라는 이름을 '페르세포네'(Phersephonē)[104]로 바꾸는 까닭에 두려 워 보이는 것이라네. 그러나 '페르레팟타'[105]라는 이름은 사실은 여신이 지혜롭다(sophe)는 것을 암시하네. 사물들은 움직이는데 d (pheromena), 그런 사물들을 잡고(ephaptomenon) 접촉하며

---

102 세이렌(Seiren 복수형 Seirenes)들은 바위섬에 사는 요정들로, 지나가는 선원들을 노래로 호려 익사하게 했다고 한다.

103 주 68 참조.

104 Phersephone(pherousa phonon)는 '살육을 가져다주는 여자'라는 뜻이다.

105 페르레팟타(Pherrephatta)와 페르세포네(Phersephonē)는 페르세포네 (Persephonē)의 변형으로, 주로 시(詩)에서 사용된다.

106 데메테르의 딸 페르세포네는 하데스에게 납치되어 그의 아내가 된다.

(ephapōn) 뒤따라갈(epakoloutein) 수 있는 능력은 지혜(sophia)이기 때문일세. 따라서 '페레파파'(Perepapha)나 그런 종류의 이름은 여신의 올바른 이름일세. 여신은 지혜로워서 움직이는 것들과 접촉(ephapē tou pheromenou)하니까. 이는 또한 지혜로운 하데스가 여신과 함께하는[106] 이유이기도 하네. 여신은 지혜로우니까. 그러나 사람들은 진리보다 발음하기 쉬운 쪽을 더 중시하여 이름을 바꿔 그녀를 '페르레팟타'라고 부른다네. 앞서 말한 것처

e 럼, 아폴론의 경우도 마찬가지일세. 많은 사람들이 그의 이름을 두려워하는 이유는 그의 이름이 뭔가 무서운 것을 암시한다고 생각하기 때문일세. 자네는 그 점을 알아차리지 못했는가?

헤르모게네스 물론 알아차렸지요. 그대 말씀이 옳아요.

소크라테스 그렇지만 내가 보기에 아폴론이라는 이름은 이 신의 능력에 가장 적합한 이름인 것 같네.

헤르모게네스 어째서 그렇지요?

405a **소크라테스** 내가 생각하는 바를 말해보겠네. 나는 이 신의 네 가지 능력을 이보다 더 적절하게 가리키는 단일 이름은 없다고 생각하네. 이 이름은 음악과 예언과 의술과 궁술(弓術)에서 그의 능력을 드러냄으로써 그의 네 가지 능력을 모두 포함하니까.

헤르모게네스 말씀 계속하세요. 그대 말씀에 따르면 그것은 특별한 이름인 것 같네요.

소크라테스 그것은 분명 조화로운 이름일세. 그것은 음악의 신의 이름이니까. 먼저, 의술이나 예언술에서 사용되는 정화 의식과 순

96

화 의식, 의학적인 약과 주술적인 약에 의한 훈증요법, 그런 과정 b
들에 포함된 씻기와 성수 뿌리기는 모두 사람의 몸과 혼을 깨끗이
한다는 동일한 목적을 갖고 있네. 그렇지 않은가?

헤르모게네스 물론이지요.

소크라테스 그렇다면 아폴론은 정화하고 나쁜 것들을 씻어내고
(apolouōn) 나쁜 것들에서 구해주는(apolyōn) 신이겠지?

헤르모게네스 물론이지요.

소크라테스 그렇다면 이 신은 씻고 구해주고 그런 나쁜 것들을 치
유해주므로 '아폴루온'(Apolouōn)[107]이라고 불려야 옳을 걸세. 한 c
편 그의 예언이나 진실성과 정직성(to haploun)(이 둘은 같은 것일
세)과 관련해서는 이 신을 텟살리아[108]인들이 사용하는 이름으로
부르는 것이 가장 적절할 걸세. 그들은 모두 이 신을 하플루스
(Haplous)라고 부르니 말일세. 또한 이 신은 궁술에 능해서 언제
나(aei) 화살을 쏘기에(bolōn) '아에이발론(Aeiballōn)[109]이라고도
불린다네. 그의 이름이 그의 음악적인 재능과 일치한다는 것을 알
려면, 우리는 자모 알파(α, a)가 'akolouthos'[110]와 'akoitis'[111]에서

---

107 '씻는 자'.
108 텟살리아(Thessalia)는 그리스 반도의 북동부 지방이다.
109 '언제나 화살을 쏘는 이'.
110 '함께하는 자' '추종자'.
111 '배우자'.
112 harmonia.

볼 수 있듯이 가끔은 '함께하기'를 뜻한다는 점을 알아야 하네. 이
경우 자모 알파는 우리가 극(極)들(poloi)이라고 부르는 것 주위
로 천체들이 함께 도는 것이든, 아니면 우리가 화음이라고 부르
는, 음악의 조화로운 함께 움직임이든 '함께 움직이는 것'(he
homou polēsis)을 의미한다네. 음악과 천문학에 밝은 사람들에
따르면, 모든 것이 어떤 선법(旋法)[112]에 따라 동시에 함께 움직이
기 때문일세. 그리고 이 신은 선법을 지휘하며 신들의 영역에든 인
간들의 영역에든 모든 것이 함께 움직이게 한다네(homopolōn).
그래서 '호모'(homo)를 알파(α)로 대치함으로써 'akolouthos'와
'akoitis'가 'homokeleuthos'[113]와 'homokoitis'에서 파생했듯이, 우
리는 사실 '호모폴론'(Homopolōn)인 이 신을 '아폴론'(Apollon)
이라고 부르는 것이며, 두 번째 람다(λ, l)를 삽입한 것은 그렇게
하지 않으면 끔찍한 이름처럼 들리기 때문이라네.[114] 지금도 어떤
사람들은 그런 의혹을 품고는 마치 모종의 파괴를 의미하는 것처
럼 이 이름을 두려워하는데, 이는 이 신의 이름의 힘을 제대로 살
피지 못한 까닭일세. 그러나 우리가 앞서 말한 것처럼, 이 신의 이
름은 정직하고(haplous), 언제나 화살을 쏘며(aeiballōn), 씻어내
고(apolouōn), 함께 움직이게 하는(homopolōn) 그의 능력들과
관계있다네. 무사(Mousa) 여신들[115]과 시가(詩歌 mousikē) 일반
의 이름은 철학적인 탐구욕, 즉 '모스타이'(mōsthai)에서 유래한 것
같으며, 레토(Lētō)라는 이름은 이 여신이 아주 점잖고 남의 청을
기꺼이(ethelēmōn) 들어주기 때문에 붙여진 걸세. 어쩌면 그녀의

98

이름은 앗티케 방언이 아닌 다른 방언을 사용하는 사람들이 흔히 부르듯 레토(Lēthō)일 수도 있네. 그들이 그녀를 그렇게 부르는 까닭은 아마도 그녀의 성격이 모질지 않고 점잖고 부드럽기(leion) 때   b 문일 걸세. 아르테미스(Artemis)라는 이름은 이 여신이 건전하고 (artemes), 예의 바르고, 처녀성을 지키려는[116] 욕구 때문에 붙여 진 것 같네. 어쩌면 이 여신이 미덕(aretē)에 통달하기 때문에, 아 니면 남녀 간의 성교행위를 싫어하기(ton aroton misei) 때문에 붙 여진 이름일 수도 있네. 여신에게 그런 이름을 붙인 사람은 이 가 운데 한 가지 이유 때문이거나, 아니면 이 모든 이유 때문에 그런 걸세.

헤르모게네스 '디오뉘소스'(Dionysos)와 '아프로디테'(Aphrodite) 라는 이름은 어떤가요?

소크라테스 힙포니코스의 아들이여, 자네가 내게 큰 것을 묻는구 면. 이 두 신의 이름을 설명하는 데에는 진지한 방법과 익살맞은 방법이 있네. 진지한 설명 방법은 다른 사람들에게 물어보게나. 그   c 러나 익살스러운 설명 방법은 우리가 살펴보지 못할 이유도 없지.

---

113 '동반자', '길동무'.

114 '아폴론'(Apolōn)은 '파괴자', '살해자'라는 뜻이다.

115 시가의 여신들.

116 올륌포스(Olympos)의 12신들 가운데 아테나와 아르테미스는 결혼하지 않 고 처녀로 남았다.

신들도 놀이를 좋아하니까. 디오뉘소스(Dionysos)는 포도주(oinos)를 주는 자(ho didous)이니 장난삼아 디도이뉘소스(Didoinysos)라고 부를 수 있을 것 같네. 또한 포도주는 그것을 마시는 사람들 대부분이 제정신(nous)이 아니면서 자기가 제정신이라고 생각하게(oiesthai) 만드는 만큼 '오이오누스'(oionous)라고 부르는 것이 타당할 걸세. 아프로디테에 관한 한 우리는 헤시오도스를 반박할 것이

d 아니라, 그녀의 이름은 그녀가 바다 거품(aphros)에서 태어난 데서 유래했다는 그의 주장[117]에 동의해야 할 걸세.

헤르모게네스 한데 소크라테스님, 그대는 아테나이 분이시니 아테나도, 헤파이스토스와 아레스도 잊지 않으셨겠지요.

소크라테스 그럴 리가 없지.

헤르모게네스 당연히 없겠지요.

소크라테스 아테나에게 다른 이름이 붙여진 이유를 설명하기는 어렵지 않네.

헤르모게네스 그게 어떤 이름이지요?

소크라테스 우리는 그녀를 팔라스(Pallas)라고 부르네.

헤르모게네스 물론이지요.

e **소크라테스** 내 생각에, 이 이름은 무장하고 춤추는 것에서 파생된 것으로 보는 것이 옳을 것 같네. 자신이나 다른 어떤 것을 땅에서

407a 들어 올리거나 손으로 드는 것을 우리는 '흔들기'(pallein), '흔들리기'(pallesthai) 또는 '춤추기' '들까불리기'라고 부르니 말일세.

헤르모게네스 물론이지요.

소크라테스 그러니까 그런 이유에서 우리는 그녀를 '팔라스'라고 부르는 것이라네.

헤르모게네스 그렇게 부르는 것이 옳겠네요. 그녀의 다른 이름은 어떻게 설명하시겠어요?

소크라테스 '아테나'라는 이름 말인가?

헤르모게네스 네.

소크라테스 여보게, 그건 훨씬 더 까다로운 문제일세. 아테나에 대해서는 옛사람들도 오늘날의 호메로스 전문가들과 생각이 같은 것 같네. 이들은 대부분 호메로스를 해석하면서 그는 아테나라는 이름으로 지성(nous)과 사고(dianoia)를 나타낸다고 주장하고, 그녀의 이름을 지은 사람도 그녀에 대해 같은 생각을 한 것 같으니 말일세. 그러나 그녀의 이름을 지은 사람은 그녀에게 '신의 지성' (he theou noēsis)이라는 더 거창한 이름을 붙이고 있네. 마치 그녀는 '하테오노아'(ha theonoa)라고 말하려는 것처럼 말일세. 여기서 그는 앗티케 방언이 아닌 다른 방언에서처럼 에타(eta η, ē) 대신 알파(α, a)를 사용하고 이오타(iota ι, i)와 시그마(ς, s)를 생략하고 있네.[118] 그러나 그렇지 않을 수도 있네. 신적인 것들에 관

b

---

117 『신들의 계보』195~197행.

118 theou noēsis에서 'sis'를 빼고 한 단어로 만들면 theounoē가 된다. 여기에 앗티케 방언의 정관사 여성 단수형 hē 대신 비(非)앗티케 방언의 정관사 여성 단수형 ha를 덧붙이고 ē를 a로 바꾸면 ha theounoa가 된다. 당시에는 'o'와 'ou'의 구별이 없었으므로 이는 ha theonoa가 된다.

한 그녀의 지식(ta theia nooousa)이 탁월해서[119] 그녀를 '테오노에' (Theonoē)라고 불렀을 수도 있으니까. 또한 그녀의 이름을 지은 사람이 이 여신을 그녀의 지성적인 성격(en ēthei noēsis)과 동일시 하고 싶어 그녀를 '에토노에'(Ethonoē)라고 불렀다고 생각해도 과녁에서 크게 빗나간 것은 아닐 걸세. 그리고 그 자신이나 다른 사람들이 훗날 이름을 더 좋게 고치는 거라고 믿고는 그녀를 '아테나 아'(Athēnaa)라고 부른 걸세.

헤르모게네스 어때요? 헤파이스토스라는 이름은 어떻게 설명하시 겠어요?

소크라테스 자네는 '빛에 정통한 자'(phaeos histōr)에 대해 묻는 겐 가?

헤르모게네스 물론이지요.

소크라테스 그렇다면 헤파이스토스라는 이름은 '파이스토스' (Phaistos)에 에타(η, ē)를 덧붙인 것이라는 사실은 누구나 다 아 는 것 아닌가?

헤르모게네스 그럴듯해요. 더 그럴듯한 다른 생각이 떠오르지 않 으신다면 말이에요.

소크라테스 그러지 못하게 아레스에 관해 물어보게.

헤르모게네스 그렇다면 내가 물었다고 생각하세요.

소크라테스 자네가 원한다면 그래야겠지. '아레스'(Arēs)는 '남자다 움'(to arren), '용감함'(to andreion) 또는 '완고함'과 '아르라토스' (arratos)라고 불리는 '불굴의 정신'에 걸맞은 이름이니, 어느 모로 보나 전쟁의 신에게 적합한 이름일세.

헤르모게네스 물론이지요.

소크라테스 제발 이제는 신들에게서 벗어나기로 하세. 나는 신들에 관해 말하기가 두렵네. 다른 것은 무엇이든 내게 물어보게. 에우튀프론의 '말[馬]'들이 어떤 것인지 알기 위해서라면'.[120]

헤르모게네스 그럴게요. 하지만 그 전에 한 신에 관해서 물어볼 게 e
남았어요. 헤르메스에 관해 말이에요. 크라튈로스가 말하기를, 나는 헤르모게네스[121]가 아니라고 하니까요. 그러니 이 친구의 말에 일리가 있는지 알아내기 위해 '헤르메스'라는 이름이 무슨 뜻인지 살펴보기로 해요.

소크라테스 좋아. '헤르메스'(Hermēs)라는 이름은 말하기와 관계있는 것 같네. 그는 해석자(hermēneus)이자 전령이며, 말[語]로 408a
훔치고 속이는 자이자 장사꾼인데, 이 모든 행위는 말의 힘과 관계있기 때문일세. 앞서 내가 말했듯이,[122] '논의하다'(eirein)는 말을 사용하는 것이고, 게다가 호메로스도 가끔 '에메사토'(emēsato)라는 낱말을 쓰는데 이 말은 '꾀하다'는 뜻일세. 그렇다면 eirein과 emēsato라는 두 낱말에서 입법자는 말하기와 말의 사용을 꾀한

---

119 전쟁과 직조와 공예의 여신인 아테나는 어머니 없이 완전 무장한 채 아버지 제우스의 머리에서 태어났다고 한다.

120 『일리아스』 5권 221행, 8권 105행. 에우튀프론에 관해서는 396d 참조.

121 '헤르메스의 아들'.

122 398d.

이 신의 이름을 합성해주며 다음과 같이 우리에게 명령하는 듯하

b 네. "인간들이여, 논의하기를 꾀한 신을 그대들은 '에이레메스' (Eiremēs)라고 불러야 옳을 것이니라." 그런데 우리는 이 이름을 미화해 그를 헤르메스라고 부르는 것 같네.

헤르모게네스 제우스에 맹세코, 그렇다면 내가 헤르모게네스가 아니라는 크라튈로스의 주장은 옳은 것 같아요. 아무튼 내게는 말을 꾀하는 재주가 없으니까요.

소크라테스 하지만 여보게, 판(Pan)[123] 신이 헤르메스의 이중성을 띤 아들이라는 데에는 일리가 있네.

c **헤르모게네스** 어째서 그렇지요?

소크라테스 자네도 알다시피, 말은 모든 것(pan)을 표현하고, 모든 것이 언제나 순환하고 돌게 만들며, 참과 거짓이라는 이중성을 지닌다네.

헤르모게네스 물론이지요.

소크라테스 그런데 그것의 참된 부분은 매끈하고 신적이며 저 위의 신들 사이에 거주하지만, 거짓은 이 아래의 인간들 사이에 거주하고 거칠며 염소 같네(tragikos).[124] 설화와 거짓은 대부분 이곳의 비극적인 삶에서 발견되니까.

헤르모게네스 물론이지요.

소크라테스 따라서 모든 것(pan)을 표현하고 모든 것이 언제나 움직이게 만드는 자(aei polōn)는 '염소치기 판'(Pan aipolos)이라고

d 불러야 옳을 걸세. 헤르메스의 이중성을 지닌 아들인 그는 상체

는 매끈하지만 하체는 거칠고 염소 같네. 판 신은 또한 헤르메스의 아들이니까 말이거나 말과 형제간이며, 형제끼리 닮는다는 것은 놀랄 일이 못 되네. 하지만 여보게, 내가 앞서 말했듯이 우리는 신들에게서 떠나기로 하세.

헤르모게네스 소크라테스님, 원하신다면 그런 신들에게서는 떠나기로 해요. 그렇지만 해, 달, 별, 대지, 아이테르,[125] 대기, 불, 물, 계절, 해[年] 같은 신들에 관해 논의하지 못할 이유는 없잖아요?

e

소크라테스 자네가 내게 많은 것을 요구하는구먼. 하지만 자네를 기쁘게 해줄 수 있다면, 내 기꺼이 그렇게 하겠네.

헤르모게네스 기쁘게 해주고말고요.

소크라테스 먼저 무엇을 논의하기를 원하는가? 아니면 자네가 말한 순서대로 해(hēlios)부터 논의할까?

헤르모게네스 좋아요.

소크라테스 도리에이스족[126]이 사용하는 이 이름의 형태를 보면 그 기원이 더 분명해질 걸세. 도리에이스족은 해를 '할리오스'(halios) 라고 부르니까. '할리오스'라는 이름은 해가 뜨면서 사람들을 한

409a

---

123 숲과 들과 목자의 신.

124 비극의 모태가 된 원시적인 연희에서는 코로스 대원들이 염소 가죽을 걸치고 등장했는데, 비극(tragōidia '염소의 노래')이라는 말은 거기서 유래한 것이다. 여기서 tragikos라는 형용사에는 '염소 같은'과 '비극적인'이라는 두 가지 뜻이 담겨 있다.

125 아이테르(aithēr)는 상층의 맑은 공기이다.

데 모으는 것(halizein)에서 유래했거나, 해가 궤도를 따라 대지 주위를 언제나 굴러가는 것(aei eilein iōn)에서 유래했거나, 해가 대지에서 생산되는 것들의 색을 다채롭게 해주는 것(poikillein)에서 유래했을 걸세. '포이킬레인'은 '아이올레인'(aiolein)과 같은 뜻이니까.

헤르모게네스 '달'(selēnē)이라는 이름은 어떻게 설명하실래요?

소크라테스 이 이름은 아낙사고라스[127]의 처지를 난처하게 만드는 것 같네.

헤르모게네스 어째서 그런가요?

b **소크라테스** 이 이름은 달이 해에서 빛(phōs)을 받는다는 그의 최신 이론이 사실은 아주 낡은 것임을 보여주기 때문이라네.

헤르모게네스 왜 그렇지요?

소크라테스 '셀라스'(selas)[128]와 '포스'(phōs)는 같은 것일세.

헤르모게네스 네.

소크라테스 아낙사고라스 제자들의 주장이 맞는다면, 달(selēnē) 주위의 빛(phōs)은 언제나 새것이자 헌것(neon kai henon)일세. 그들의 주장에 따르면, 해는 계속 달 주위를 돌며 언제나 새 빛을 던져주지만 지난달의 헌 빛이 아직도 달에 남아 있기 때문일세.[129]

헤르모게네스 물론이지요.

소크라테스 또한 많은 사람들이 달을 '셀라나이아'(Selanaia)라고 부르네.

헤르모게네스 그렇지요.

소크라테스 달빛은 언제나 새것이자 헌것이므로(selas neon kai henon echei aei) '셀라엔네오아에이아'(Selaenneoaeia)라고 부르

는 게 가장 옳겠지만, 이것이 '셀라나이아'(Selanaia)로 축약된 걸세.

헤르모게네스 정말로 디튀람보스적[130]인 이름이네요, 소크라테스

님. 그러면 달[131]과 별들은 어떻게 설명하실래요?

소크라테스 달(meis)은 '줄어들다'(meiousthai)에서 파생되었으므

로 메이에스(meiēs)라고 부르는 편이 옳았을 걸세. 별들(astra)은

번개(astrapē)에서 파생된 것 같네. 번개는 눈을 위로 향하게 하니

---

126 도리에이스족(Dorieis)은 아이올레이스족(Aioleis), 이오네스족(Iones)과 더
불어 고대 그리스의 3대 종족이다. 도리에이스족이라는 이름은 그들이 지금의 달
마티아(Dalmatia)와 알바니아(Albania)에서 펠로폰네소스 반도로 남하하는 도
중에 한때 그리스 중동부 지방인 도리스(Doris)에 머문 데서 유래한 것으로 그들
을 '도리아인(영어의 Dorian)들'이라고 부르는 것은 오해에서 비롯된 것이다. 도리
아(Doria)라는 이름은 그리스어에도 라틴어에도 영어에도 없기 때문이다.

127 주 90 참조.

128 '광휘'(光輝).

129 천문학상의 신월(新月)과 상용월(常用月)의 신월 사이의 차이에서 생기는
날을 구신일(舊新日 hene kai nea)이라고 한다. 상용월의 신월은 초승달이 뜨는
것이 보이는 저녁부터 시작되는데, 이는 천문학상의 신월과 하루 이상 차이가 나
기 때문이다. 그래서 지난달과 새달의 모호한 경계 구간인 이날을 구신일이라 불
렀다.

130 디튀람보스(dithyrambos)는 주신(酒神) 디오뉘소스(Dionysos)에게 바치는
합창서정시인데 내용이 막연하고 걷잡을 수 없기로 유명했다고 한다. 여기서 '디
튀람보스적'이란 '구름 잡는'이라는 뜻으로 보아도 무방할 것이다.

131 영어의 month.

까(anastrephei ta ōpa). 그래서 번개는 아나스트로페(anastrōpē)라고 불렸어야 하지만, 지금은 더 우아하게 아스트라페라고 불린다네.

헤르모게네스 불과 물은 어떻게 설명하실래요?

d **소크라테스** '불'(pyr)에 대해서는 나도 대답할 바를 모르겠네. 에우 튀프론의 무사 여신이 나를 버리셨거나, 아니라면 그것은 지나치게 어려운 말인 것 같네. 그렇지만 자네는 그런 모든 당혹스러운 경우에 내가 어떤 계책을 쓰는지 눈여겨보게나.

헤르모게네스 그게 어떤 계책이지요?

소크라테스 말하겠네. 하지만 먼저 대답해주게. 자네는 불이 어째서 불이라고 불리는지 설명해줄 수 있겠나?

헤르모게네스 제우스에 맹세코, 나는 설명할 수 없어요.

소크라테스 자네는 내가 불에 대해 추측하는 바를 살펴보게. 내가
e 알기로 헬라스인들, 특히 이민족의 지배를 받는 헬라스인들은 수많은 외래어를 받아들였네.

헤르모게네스 그래서요?

소크라테스 누군가 이름들이 적합한지를 고찰하는데 실제로 그 이름이 유래한 언어에서가 아니라 헬라스어에 속하는 것으로 다룬다면, 알아두게나, 그는 난관에 봉착할 걸세.

헤르모게네스 그렇게 되기 십상이겠지요.

410a **소크라테스** 그러니까 '불'(pyr)이라는 이 이름도 이민족의 이름이 아닌지 살펴보게. 이 이름은 헬라스의 방언과 결부하기가 쉽지 않

108

을뿐더러, 프뤼기아인[132]들은 분명 이 이름을 조금 고쳐서 사용하니까 말일세. 이 점에서는 '물'(hydōr)과 '개'(kyōn), 그 밖의 많은 다른 이름도 마찬가지일세.

헤르모게네스 그렇고말고요.

소크라테스 따라서 이 이름들에 관해서는 누가 설명할 수 있다 해도 무리해서 할 필요는 없네. 그래서 나는 '불'과 '물'은 제쳐두겠네. 헤르모게네스, 대기가 '아에르'(aēr)라고 불리는 이유는 그것이 물건들을 대지에서 들어 올리기(airei) 때문일까, 아니면 늘 흐르기(aei rhei) 때문일까, 아니면 그것의 흐름에서 바람(pneuma)이 일기 때문일까? 시인들은 바람을 '아에테'(aētē)[133]라고 부르니 묻는 걸세. 아마도 시인은 '바람의 흐름'(pneumatorrous)이라는 뜻으로 '대기의 흐름'(aētorrous)이라고 말하는지도 모르지. '아이테르'(aithēr)라는 이름을 나는 다음과 같이 이해하네. 그것은 언제나 대기 주위를 달리고 흐르므로(aei thei peri ton aera rheōn) '아에이테에르'(aeitheēr)라고 불려야 옳다고. '게'(gē)라는 이름은 '가이아'(gaia)라는 형태에서 그 뜻이 더 잘 드러나네. '가이아'는 '어머니'(gennēteira)의 바른 이름이라는 것이 호메로스의 주장이니까. 호메로스는 '게가아시'(gegaasi)를 '게겐네스타이'(gegenēsthai)[134]

---

132 프뤼기아(Phrygia)는 소아시아 북서부 지방이다.
133 '강풍'.
134 '태어나다'.

라는 뜻으로 사용하니 말일세. 그건 그쯤 하고, 그다음 것은 뭐였지?

헤르모게네스 계절들(hōrai)과 해[年]의 두 이름인 '에니아우토스' (eniautos)와 '에토스'(etos)예요, 소크라테스님.

소크라테스 호라이(hōrai)라는 이름의 그럴듯한 뜻을 알고 싶다면 자네는 그것을 옛 앗티케식으로 호라이(horai)라고 발음해야 하네. 계절들이 '호라이'(horai)[135]라고 불리는 것은 옳네. 계절들은 겨울과 여름을, 바람들과 대지의 열매들을 구분해주니까(horizein).

d '에니아우토스'와 '에토스'는 사실은 하나의 이름일세. 식물과 동물을 철 따라 자기 안에서 태어나게 하여 그것들을 자기 안에서 검열하는 것을 어떤 사람들은 자기 안에서의(en heautōi) 활동이기 때문에 '에니아우토스'라고 부르고, 어떤 사람들은 그것이 검열하기에(etazei) '에토스'라고 부르니 말일세. 그것은 앞에서 보았듯이 제우스라는 이름이 둘로 나뉘어 어떤 사람들은 '제나'라고 부르고, 어떤 사람들은 '디아'라고 부른 것과 같은 이치라네.[136] 전체 어구(語句)는 '자기 안에서 검열하는 것'(en heautōi etazon)인데, 이 한 어구가 둘로 나뉘어 말해짐으로써 한 어구에서 '에니아

e 우토스'와 '에토스'라는 두 이름이 생겨난 걸세.

헤르모게네스 소크라테스님, 그대는 정말이지 큰 진척을 이루셨어요.

소크라테스 내 생각에도 내가 지혜[137]의 길을 따라 벌써 멀리 나아간 것 같네그려.

헤르모게네스 그야 물론이지요.

소크라테스 자네는 곧 그렇다고 더 확신하게 될 걸세.

헤르모게네스 그런 부류의 이름들에 대한 그대의 설명을 들었으니, 411a
다음에는 '지혜'(phronēsis),[138] '이해'(synesis), '정의'(dikaiosynē)
처럼 미덕에 관계되는 고상한 이름들에는 대체 어떤 올바름의 원
칙이 적용되었는지 살펴보면 좋겠어요.

소크라테스 여보게, 자네가 들춰내는 이름들은 결코 하찮은 부류
가 아닐세. 하지만 나는 사자의 가죽[139]을 걸치고 있으니, 겁쟁이
노릇을 해서는 안 되고 지혜와 이해와 판단(gnomē)과 지식
(epistēmē)과 그 밖에 자네가 말하는 고상한 이름을 모두 살펴봐 b
야만 할 것 같네.

헤르모게네스 물론 우리가 중도에서 그만두어서는 안 되겠지요.

소크라테스 개에 걸고 맹세하건대,[140] 방금 내 머리에 떠오른 것은

---

135 '경계들' '구분해주는 것들'.

136 395e 이하 참조.

137 sophia.

138 실천적인 지혜.

139 그리스의 영웅 헤라클레스(Herakles)는 인류를 위협한 괴물들을 천신만고
끝에 퇴치하여 열두 위업을 달성한다. 네메아(Nemea)의 사자를 퇴치한 것도 그
중 하나인데, 그는 이 사자를 목 졸라 죽인 뒤 그 가죽을 몸에 걸치고 다녔다. 여
기서 소크라테스는 여러 부류의 이름의 올바름을 밝히는 자신의 작업을 헤라클
레스의 열두 고역(苦役)에 비기고 있다.

140 당시 그리스인들은 대개 제우스에 걸고 맹세했지만, 맹세할 때 신의 이름
을 함부로 부르는 것을 피하려고 플라타너스, 양배추 따위의 식물이라든가 거위,
개, 양 따위의 동물에 걸고 맹세하기도 했다.

훌륭한 영감인 것 같네. 먼 옛날에 이름을 지은 사람들은 사물들의 본성을 탐구하면서 맴돌다가 현기증이 나서 사물들이 맴돌며 사방으로 움직인다고 생각하는 대부분의 요즘 철학자들과 꼭 닮c 게 되었다는 생각 말일세. 그래서 이들은 그것을 자신들의 내적 상태 탓으로 돌리지 않고 사물들 자체의 본성 탓으로 돌리면서 지속적이고 확고한 것은 아무것도 없고 만물은 흐르고 움직이며 온갖 종류의 운동과 생성으로 가득 차 있다고 생각한다네. 내가 방금 언급한 이름들을 고찰하다보니 이런 생각이 떠올라서 하는 말일세.

헤르모게네스 소크라테스님, 그게 무슨 말씀이신지요?

소크라테스 자네는 아마 방금 언급한 이름들이 그런 사물들은 움직이고 흐르고 생성한다는 가정 아래 지어졌다는 점을 알아차리지 못한 것 같구먼.

헤르모게네스 아니, 전혀 알아차리지 못했어요.

d **소크라테스** 먼저, 우리가 언급한 첫 번째 이름은 확실히 그런 가정 아래 지어진 걸세.

헤르모게네스 그게 어떤 이름이었지요?

소크라테스 '지혜'(phronēsis) 말일세. 그것은 운동(phoras)과 흐름(rhou)에 대한 지각(知覺 noēsis)이니까. 그것은 운동의 혜택 (onēsis)이라 해석할 수도 있을 걸세. 어느 경우건 그것은 운동과 관계있네. 자네가 원한다면, 판단(gnomē)은 전적으로 생성된 것에 대한 고찰이나 탐구(gonēs nomēsis)를 뜻하네. 탐구하는 것

(noman)은 고찰하는 것(skopein)과 같은 것이니까. 자네가 원한다면, 지각(noēsis)은 새로운 것(tou neou)을 향한 욕구(hesis)를 뜻하네. 그러나 사물들이 새롭다는 것은 사물들이 언제나 생성된다는 것을 의미하네. 따라서 이 이름을 지은 사람이 나타내려 한 것은 혼의 생성에 대한 욕구일세. 그것의 본래 이름은 '노에에시스'(noeesis)인데, 두 개의 엡실론(ε, e)을 에타(η, ē)가 대치함으로써 '노에시스'(noēsis)가 된 걸세. 그런가 하면 절제(sōphrosynē)는 방금 우리가 고찰한 '지혜'(phronēsis)의 구원자(救援者 sōtēria)일세. '지식'(epistēmē)이라는 이름은 가치 있는 혼이 움직이는 사물들을 따라가되(hepetai) 뒤처지지도 않고 앞서 달리지도 않는 것을 뜻하네. 그러므로 우리는 h를 넣어서 '헤피스테메'(hepistēmē)라고 발음해야 하네. '이해'(synesis)는 일종의 추론(syllogismos)이며, 누가 '이해한다'(synienai)[141]라고 말할 때 그것은 '알다'(epistasthai)라고 말하는 것과 전적으로 같은 뜻일세. 쉬니에나이(synienai)는 혼이 사물들과 함께 가는 것을 의미하니까. 또한 지혜(sophia)[142]는 운동의 파악을 의미하지만, 그 뜻은 더 모호하고 앗티케 방언이 아닐세. 하지만 급히 앞으로 나아가기 시작하는 것을 두고 시인들은 가끔 '그것은 내달았다'(esythē)라고 말한다는

e

412a

b

---

141 synienai는 '함께 가다'라는 뜻이다.
142 '철학적인 지혜'.

점을 명심해야 하네. 실제로 라코니케[143]에는 '수스'(Sous)[144]라는 이름의 명사가 있는데, 이는 라케다이몬인들은 재빠르게 내닫는 것을 '수스'라 불렀기 때문일세. 그래서 '지혜'(sophia)는 이런 운동의 파악(epaphē)을 의미하네. 사물들은 움직인다는 가정 아래 말일세. '좋음'(agathon)이라는 이름은 자연 전체에서 '경탄할 만한 것'(agaston)을 나타내기 위한 걸세. 사물들은 움직이기에 그중 어떤 것들은 빨리 움직이고, 어떤 것들은 느리게 움직인다네. 그래서 빨리 움직이는 것은 사물 전체가 아니라, 그것의 경탄할 만한 한 부분일세. 그러니까 '좋음'이라는 이름은 빠르기에(tou thoou) 경탄할 만한 부분에 붙여진 이름일세.

'정의'(dikaiosynē)가 '올바른 것에 대한 이해'(tou dikaiou synesis)에 붙여진 이름이라는 것은 짐작하기 어렵지 않네. 그러나 '올바른 것' 자체가 무엇을 의미하는지는 알기 어렵네. 그것과 관련해 어느 선까지는 많은 사람들이 의견을 같이하지만, 그 선을 넘어서면 의견을 달리하기 때문일세. 우주가 움직인다고 생각하는 사람들은 우주의 대부분은 단순히 수용(受容)하는 성격을 띠지만, 그중 어떤 요소는 우주 전체를 관통하며 생성되는 모든 것을 생성한다고 믿는다네. 또한 이 요소는 아주 빠르고 아주 미세하다고 믿는다네. 그렇지 않고 그것이 어느 것도 막을 수 없을 만큼 미세하지 않고, 다른 모든 것은 그것에 견주면 가만히 있다 싶을 만큼 빠르지 않다면, 그것은 모든 것을 관통할 수 없을 테니까. 그리하여 그것은 다른 것을 모두 관통하고(diaion) 지배하는 만큼 발음하기 좋게 캅파(kappa κ, k) 음을 삽입하여 디카이온 (dikaion)[145]이라고 부르는 것이 옳네. 내가 방금 말한 것처럼, 여 413a 기까지는 대부분의 사람들이 정의에 관해 의견을 같이하네. 하지 만 헤르모게네스, 나는 이 문제에 관해 끈질기게 물은 결과 은밀 한 가르침을 통해 이 문제에 관한 모든 것을, 말하자면 내가 말하 고 있는 이 정의가 원인이라는 것을 알게 되었네. 그것을 통해서 (dia ho) 사물들이 생겨나는 것은 그 사물들의 원인이니까. 그리 고 누군가는 그렇기 때문에 제우스를 디아(Dia)라고 부르는 것은 옳다고 말해주었네. 하지만 그럼에도 내가 그들이 하는 말을 듣고 나서 "이봐요, 그게 사실이라면 정의란 도대체 뭐요?"라고 점잖게 그리고 집요하게 물으면, 그들은 내가 너무 많이 묻고 불가능한 것 을 요구한다고 생각하고는 나는 이미 충분한 답변을 들었다고 말 b 하지. 그러고 나서 그들은 나를 만족시키려고 저마다 상이한 의견 을 말하는데, 한 사람은 태양이 정의라고 말한다네. 태양만이 관 통하고(diaiōn) 태움으로써(kaōn) 만물을 지배한다는 이유에서 말일세. 그래서 내가 멋진 답변을 들었다고 좋아하며 이를 다른 사람에게 말해주면 그는 내 말을 듣고 나를 비웃으며, 그렇다면

---

143 라코니케(Lakonike)와 라케다이몬(Lakedaimon)은 스파르테(Sparte) 주변 지역인데, 스파르테와 같은 뜻으로 사용하기도 한다.
144 '돌진'.
145 '올바른 것'.

해가 지고 나면 사람들 사이에 정의는 없다고 생각하는지 내게 묻는다네. 그래서 정의가 무엇이라고 생각하는지 말해달라고 내가 간청하면 그는 그것은 불(pyr)이라고 말한다네. 하지만 그것은 이해하기 쉽지 않네. 다른 사람은 그것은 불이 아니라 불 속에 있는 열 자체라고 말하지. 다른 사람은 그런 설명은 모두 가소롭다며 정의란 아낙사고라스의 주장대로 지성[146]이라고 말한다네. 지성은 자신의 지배를 받고 다른 어떤 것과도 섞이지 않으며 만물을 지배하고 만물을 관통하기 때문이래. 여보게, 그러면 나는 정의가 무엇인지 배우기 시작하기 전보다 훨씬 더 큰 난관에 맞닥뜨린다네.

그러나 우리가 살펴본 '정의'라는 이름은 내가 말한 여러 가지 이유에서 붙여진 것이라고 나는 생각하네.

헤르모게네스 소크라테스님, 내가 보기에 그것은 그대가 남에게 들은 것이지, 스스로 생각해내신 것은 아닌 것 같은데요.

소크라테스 내 다른 설명들은 어떤가?

헤르모게네스 그것들은 그대가 남에게 들은 것이 아니라고 나는 확신해요.

소크라테스 그렇다면 귀담아듣게. 다른 것들도 내가 남에게 듣지 않은 것처럼 자네를 속일 수도 있으니까. '정의' 다음에는 무엇이 남았지? 우리가 '용기'(andreia)는 아직 살펴보지 않은 것 같구먼.

'불의'(adikia)는 분명 '관통하는 것'(diaiōn)을 방해하는 것일세. '안드레이아'라는 말은 용기가 싸움에서 붙여진 이름임을 말해주네. 그리고 만약 우주가 흐름이라면 우주 안의 싸움은 역류(逆流

enantia rhoē)일 수밖에 없네. 우리가 '안드레이아'에서 델타(δ, d)를 제거하면, '안레이아'(anreia)라는 말은 정확히 그런 활동을 의미하네. 물론 용기는 모든 흐름에 반(反)하는 것이 아니라, 정의에 반대되는 흐름에만 반한다네. 그렇지 않다면 용기는 칭찬받지 못할 걸세. 마찬가지로 '수컷'(arrhen)과 '남자'(anēr)도 '위로 흐름'(anō rhoē)을 가리키네. '귀네'(gynē)[147]라는 이름은 '고네'(gonē)[148]와 같은 말인 듯하고, '텔뤼'(thēly)[149]는 '텔레'(thēlē)[150]에서 파생된 것 같네. 그리고 헤르모게네스, 젖꼭지가 '텔레'라고 불리는 까닭은 젖꼭지는 비와 같아서 만물이 번성하게(tethēlenai)하기 때문일세.

헤르모게네스 그런 것 같아요, 소크라테스님.

소크라테스 물론이지. '탈레인'(thallein)[151]이라는 이름은 어린것들의 빠르고 갑작스러운 성장을 의미하는 것 같네. 그런 이름을 지은 사람은 '달리다'(thein)와 '도약하다'(hallesthai)를 합친 이 이름에서 그런 것을 모방했으니 말일세. 자네는 내가 평지에 이르면 주로(走路)에서 벗어나는 것을 눈치채지 못하는 것 같구먼. 하지만

414a

b

---

146 nous.
147 '여자'.
148 '자궁'.
149 '암컷'.
150 '젖꼭지'.
151 '번성하다', '번창하다'.

중요하다고 생각하는 과제들이 아직 많이 남아 있네.

헤르모게네스 맞아요.

소크라테스 그중 하나가 '테크네'(technē)[152]라는 말이 무엇을 뜻하는지 살펴보는 걸세.

헤르모게네스 물론이지요.

소크라테스 타우(τ, t)를 빼고 크히(khi χ, ch)와 뉘(ny ν, n) 사이
c 와 뉘와 에타(η, ē) 사이에 오미크론(omikron o, o)을 넣으면[153] 이 말은 '지성의 소유'(hexis nou)를 의미하겠지?

헤르모게네스 아주 억지스러운 설명이네요, 소크라테스님.

소크라테스 여보게, 자네는 사물들에 처음 붙여진 이름들이 그 이름들을 윤색하려 한 사람들에 의해 완전히 묻혀버렸다는 것을 모르는구면. 그들은 발음하기 좋게 자모를 덧붙이기도 하고 빼기도 하면서 온갖 방법으로 이 이름들을 왜곡하고 치장했으며, 그런 변화에는 세월도 한몫 거들었기에 하는 말일세. 이를테면 자네는 '카톱트론'(katoptron)[154]이라는 말에 로(rho ρ, r)가 삽입된 것이 이상하다고 생각되지 않는가?[155] 이런 것은 진리는 아랑곳하지 않
d 고 소리 낼 때의 입 모양에만 신경 쓰는 사람들이 하는 일인 것 같네. 그들이 그렇게 원래 이름들을 자꾸 꾸미다 보니 끝내는 그 이름들이 도대체 무엇을 뜻하는지 한 사람도 이해할 수 없게 된 것이라네. 한 가지만 예를 들면, 그들은 스핑크스(sphinx)를 '픽스'(phix)[156]라고 부르는 대신 스핑크스라고 부른다네.

헤르모게네스 그렇고말고요, 소크라테스님.

118

소크라테스 하지만 누가 이름들에 제멋대로 아무거나 덧붙이거나 빼도 된다면, 아무것에 아무 이름이나 갖다 붙이는 것은 누구에게나 식은 죽 먹기일 걸세.

헤르모게네스 옳은 말씀이에요.

e

소크라테스 물론 옳은 말이지. 그렇지만 나는 자네가 지혜로운 감독관으로서[157] 중용과 개연성의 규칙을 지켜야 한다고 생각하네.

헤르모게네스 나도 그러고 싶어요.

소크라테스 나도 그러고 싶네, 헤르모게네스. 하지만 여보게, 나한테 지나친 정확성은 요구하지 말게나.

415a

"내가 힘이 빠져 투지를 잃지 않도록."[158]

'테크네'에 이어 '메카네'(mechanē)[159]를 살펴보고 나면 나는 우리 탐구의 정점에 이르게 될 테니까. 내가 보기에 '메카네'는 '큰 성취'

---

152 '기술' '전문기술'.

153 그렇게 하면 technē가 echonoē가 된다.

154 '거울'.

155 로(ρ, r)가 삽입되어 이 말이 '카톱톤'(katopton '눈에 보이는')과 마찬가지로 '호라오'(horaō '나는 본다') 동사에서 파생된 말이라는 것이 잘 드러나지 않는다는 뜻이다.

156 헤시오도스, 『신들의 계보』 326행에 나오는 이름이다.

157 390b 이하 참조.

158 『일리아스』 6권 265행.

159 '계책'.

(anein epi poly)를 의미하는 것 같네. '메코스'(mēkos)[160]는 어떤 의미에서 '크기'를 뜻하는데, '메카네'는 '메코스'와 '아네인'(anein)이라는 두 낱말의 합성어이니까. 그건 그렇고, 내가 방금 말했듯이 우리는 우리 탐구의 정점으로 나아가 '아레테'(aretē)[161]와 '카키아'(kakia)[162]라는 이름들이 무엇을 의미하는지 살펴봐야 하네.

b 나는 그중 첫 번째 것은 아직 이해하지 못하지만, 다른 것은 명백한 듯하네. 그것은 우리가 앞서 말한 것과 일치하니까. 만물이 움직인다면 나쁘게 움직이는 것(kakōs ion)은 모두 '카키아'일 테니 말일세. 그리고 사물들에 대한 이런 나쁜 움직임이 혼 안에 존재할 때 그것은 대개 '카키아'로 통칭된다네. 그리고 이 나쁜 움직임이 무엇인지는 우리가 아직 논의하지 않은 '데일리아'(deilia)[163]라

c 는 이름에서 잘 드러나는 것 같네. 우리는 '용기'(andreia) 다음에 이 이름을 다루었어야 하는데 지나쳐버렸구먼. 하지만 우리가 지나쳐버린 이름이 어디 한둘이겠는가. 아무튼 '데일리아'는 혼이 강력한 족쇄(desmos)에 묶여 있는 것을 의미하네. '리안'(lian)[164]은 어떤 의미에서 힘을 나타내니까. 그러니 '데일리아'는 혼의 강력하고도 가장 큰 족쇄를 뜻하네. '아포리아'(aporia)[165]도 같은 종류의 악이며, 그 점에서는 움직이고 나아가는 데 방해가 되는 것도 모두 마찬가지인 것 같네. 그렇다면 나아가지 못하게 제지당하고 방해받는 것이 '나쁜 움직임'(kakōs ienai)의 뜻 같으며, 그런 상

d 태에 있는 혼은 '카키아'로 가득 차게 된다네. 그리고 '카키아'가 그런 것들에 붙은 이름이라면 '아레테'는 그 반대일 걸세. '아레

테'는 첫째, '형통'(亨通 euporia)을, 둘째, 훌륭한 혼의 흐름이 묶이지 않고 언제나 자유로운 상태에 있음을 뜻하네. 그래서 제지당하거나 방해받지 않고 늘 흐르기에(aei rheon) 그것에 '아레테'라는 이름이 붙은 것 같네. 그래서 그것을 '아에이레이테'(aeirheitē)라고 부르는 것이 옳겠지만, '아레테'(aretē)로 축약된 걸세. 아마자네는 이 설명도 내가 지어낸 것이라고 말하겠지. 하지만 단언하건대, '카키아'에 대한 나의 조금 전 설명이 옳다면, '아레테'라는 이름에 대한 나의 이 설명도 옳은 걸세.

헤르모게네스 그런데 '카콘'(kakon)[166]이라는 이름은 무슨 뜻인가요? 그대는 앞서 그것을 사용하여 꽤 많은 설명을 하시던데.

소크라테스 제우스에 맹세코, 그것은 이상하고 이해하기 어려운 이름인 것 같네. 그래서 나는 그것에 예의 그 계책[167]을 쓸까 하네.

헤르모게네스 그게 어떤 계책이죠?

소크라테스 이것도 이민족의 말에서 유래했다고 주장하는 것 말일세.

---

160 '길이' '크기'.
161 '미덕'.
162 '악' '악덕' '나쁨'.
163 '비겁함'.
164 '매우' '아주'.
165 난관(難關).
166 '나쁜'.
167 409d 참조.

헤르모게네스 옳은 말씀인 것 같아요. 그러니 괜찮으시다면 이 이름들은 내버려두고, '칼론'(kalon)[168]과 '아이스크론'(aischron)[169]을 위해서는 어떤 이론적인 근거가 있는지 살펴보도록 해요.

b **소크라테스** '아이스크론'이 무슨 뜻인지는 명백한 것 같고, 우리가 앞서 말한 것과도 일치하네. 내가 보기에, 이름을 짓는 사람은 사물들이 흐르는 것을 방해하고 제지하는 것은 무엇이든 비난하는 듯하네. 그래서 그는 사물들의 흐름을 늘 제지하는(aei ischei ton rhoun) 것에 '아에이스코룬'(aeischoroun)이라는 이름을 붙였는데, 이것이 지금은 축약되어 '아이스크론'이라고 불린다네.

헤르모게네스 '칼론'은 어떤가요?

소크라테스 그것은 이해하기 더 어렵네. 하지만 그것에도 나름대로 뜻이 드러나 있다네. 단지 발음하기 좋도록 우(ou)가 오(o)로 짧아졌을 뿐일세.

헤르모게네스 어째서 그렇지요?

소크라테스 이 이름은 사유(思惟)[170]를 나타내는 것 같네.

헤르모게네스 무슨 말씀이신지요?

c **소크라테스** 자, 자네는 각각의 사물이 하나의 이름으로 불리는 원인이 무엇이라고 생각하는가? 사물들에 이름을 붙인 능력이 아닐까?

헤르모게네스 그야 물론이지요.

소크라테스 그리고 그 능력이란 신들의 또는 인간들의 또는 양자 모두의 사유가 아닐까?

헤르모게네스 네, 그래요.

소크라테스 또한 사물들의 이름을 불렀던(kalesan) 능력과 사물들의 이름을 부르는(kaloun) 능력은 같은 것, 곧 사유가 아닐까?

헤르모게네스 그런 것 같아요.

소크라테스 그리고 지성과 사유가 하는 일은 모두 칭찬받을 만하지만, 그렇지 않은 일들은 비난받아 마땅하지 않을까?

헤르모게네스 물론이지요.

소크라테스 그런데 의술의 능력은 의술 분야의 일을 하고, 목공술의 능력은 목공 분야의 일을 하겠지? 자네도 이에 동의하는가?　　d

헤르모게네스 동의하고말고요.

소크라테스 그렇다면 사물들의 이름을 부르는 것(kaloun)은 아름다운 일들(kala)을 하는 것이겠지?

헤르모게네스 당연하지요.

소크라테스 그렇게 하는 것은, 우리 주장에 따른다면, 사유겠지?

헤르모게네스 물론이지요.

소크라테스 그렇다면 '칼론'이라는 이 이름은 지혜[171]에 붙이는 것이 옳네. 지혜는 우리가 아름답다고 부르며 반기는 그런 일들을 하니까.

---

168 '아름다운' '훌륭한'.
169 '수치스러운' '추한'.
170 dianoia.
171 phronesis.

헤르모게네스 그런 것 같아요.

e **소크라테스** 그런 종류의 이름들 가운데 아직 우리에게 남아 있는 것은 무엇인가?

헤르모게네스 '쉼페론'(sympheron), '뤼시텔룬'(lysiteloun), '오펠리몬'(ōphelimon), '케르달레온'(kerdaleon)[172]과 그 반대말들처럼 좋고 아름다운 것에 관련된 이름들이 남아 있어요.

417a

소크라테스 '쉼페론'은 우리가 앞서 탐구한 것들에 비추어서 자네도 쉽게 설명할 수 있을 걸세. 이 이름은 '에피스테메'(epistēmē)와 형제간인 것 같으니까. 이 이름은 혼이 사물들과 동시에 움직이는 것(hama phora) 외에 다른 어떤 것도 가리키지 않으며,[173] 그런 원칙에 따라 행해지는 것들은 함께 돌기에(symperipheresthai) 아마도 '쉼포라'(symphora) 또는 '쉼페론'이라고 불릴 것이기에 하는 말일세. 그러나 '케르달레온'은 '케르도스'(kerdos)[174]에서 유래했

b 네. '케르도스'(kerdos)에서 델타(δ, d)를 뉘(ν, n)로 대치하면 이 이름의 뜻이 분명해지네. 이 이름은 좋은 것(agathon)을 가리키지만 그 방법이 다를 뿐이니까. 좋은 것은 만물을 관통하여 만물과 섞이기 때문에(kerannytai) 이 이름을 지은 사람은 그런 능력을 나타내는 이름을 지은 것인데, 뉘(ν, n) 대신 델타(δ, d)를 넣어 '케르도스'라고 발음했으니 말일세.

헤르모게네스 '뤼시텔룬'은 어떤가요?

소크라테스 헤르모게네스, 내 생각에 이 이름을 지은 사람은 이익이 재투자를 위해 자본금을 해방시킬(apolyēi) 때 상인들이 사용

124

하는 것과 같은 뜻으로 이 이름을 사용하는 것 같지는 않네. 그보
다도 그는 '뤼시텔룬'이 세상에서 가장 빠른 것이기에 사물들이
서 있거나, 운동이 운동의 끝(telos)에 이르러 멈추거나 쉬는 것을
용납하지 않고, 어떤 것이 끝에 이르려고 하면 언제나 운동을 해
방시켜(lyēi) 운동이 멈추지 않고 죽지 않게 해준다고 생각하는 것
같네. 내가 보기에, 그래서 좋은 것은 '뤼시텔룬'이라고 불리는 듯
하네. 그것은 운동을 끝에서 해방시켜주는 것(lyon)이니까. '오펠
리몬'은 앗티케 방언이 아닐세. 호메로스는 이 이름을 '오펠레인'
(ophellein)이라는 형태로 자주 사용하는데, 그것은 '아욱센 포이
에인'(auxēn poiein)[175]과 동의어일세.

헤르모게네스 이것들의 반대말들은 우리가 어떻게 설명할 수 있을
까요?

소크라테스 그중에서 부정(否定)하는 것들은 살펴볼 필요가 없을
것 같네.

헤르모게네스 어떤 것들이죠?

소크라테스 '아쉼포론'(asymphoron), '아노펠레스'(anōpheles), '아
뤼시텔레스'(alysiteles), '아케르데스'(akerdes)[176] 말일세.

---

172 '유익한' '이로운' '쓸모 있는' '수지맞는'.

173 412a 이하 참조.

174 '이익' '이득'.

175 '증가하게 만들다'.

176 '유익하지 않은' '이롭지 않은' '쓸모없는' '수지맞지 않는'.

헤르모게네스 옳은 말씀이에요.

소크라테스 그렇지만 '블라베론'(blaberon)[177]과 '제미오데스'(zēmiōdes)[178]는 살펴봐야 할 걸세.

헤르모게네스 네.

소크라테스 그렇다면 '블라베론'은 '흐름'(rhoun)에 '해로운 것'(blapton)을 의미하네. 한편 '블랍톤'(blapton)은 '붙잡으려 함'(boulomenon haptein)을 뜻하네. '붙잡는 것'(haptein)은 '결박하다'(dein)와 같은 것인데, 이것은 이름 짓는 사람이 늘 나무라는 것이지. 그런데 '흐름을 붙잡으려 하는 것'(to boulomenon haptein rhoun)은 '블랍테룬'(blapteroun)이라고 부르는 것이 가장 옳겠지만, 이것을 아름답게 꾸며 '블라베론'이라고 부르는 것 같네.

헤르모게네스 소크라테스님, 참 복잡한 이름들을 말씀하시는군요. 그대가 '블랍테룬'이라는 이름을 발음하셨을 때, 그대의 입 모양이 마치 아테나 여신께 바치는 찬신가의 피리 반주 서곡을 휘파람으로 불려는 것처럼 보였으니까요.

소크라테스 헤르모게네스, 그건 내 탓이 아니라 이름을 지은 사람들 책임일세.

헤르모게네스 옳은 말씀이에요. 그런데 '제미오데스'(zēmiōdes)는 무슨 뜻인가요?

소크라테스 '제미오데스'는 무슨 뜻이냐고? 헤르모게네스, 사람들이 자모를 덧붙이거나 빼면서 이름들의 뜻이 심하게 바뀐다고 말했을 때 내 말이 옳았다는 데 주목해주게. 그렇게 조금만 고쳐도

이름은 때로 정반대의 뜻을 갖게 된다네. 이를테면 '데온'(deon)[179] b
의 경우가 그렇다네. 방금 이 이름이 떠오르면서 내가 자네에게
말하려던 것이 생각났네. 말하자면 그것은 우리의 세련된 현대어
는 '데온'과 '제미오데스'의 뜻을 뒤틀어 그것들이 각각 본래 뜻과
는 정반대되는 뜻을 갖게 했지만, 옛날 언어는 이 두 이름의 뜻을
분명히 보여준다는 것일세.

헤르모게네스 무슨 말씀이신지요?

소크라테스 설명하겠네. 자네도 알다시피, 우리 선조들은 이오타
(ι, i)와 델타(δ, d)를 많이 사용했네. 특히 여인들이 그랬는데, 여 c
인들은 옛 어법을 잘 보존하는 법일세. 그러나 요즘은 사람들이
이오타를 엡실론(ε, e)이나 에타(η, ē)로 바꾸는데, 그렇게 해야
더 장중하게 들린다고 생각하기 때문이지.

헤르모게네스 어째서 그렇지요?

소크라테스 예를 들면 먼 옛날 사람들은 날[日](hēmera)을 히메라
(himera)라고 불렀고 더러는 헤메라(hemera)라고 불렀지만, 요즘
사람들은 헤메라(hēmera)라고 부른다네.

헤르모게네스 그건 그래요.

소크라테스 그렇다면 자네는 옛날 이름만이 이름을 지은 사람의 의

---

177 '해로운'.
178 '유해한' '불리한'.
179 '의무'.

도를 드러낸다는 것을 알겠는가? 사람들은 어둠 뒤에 다가오는 햇빛이 반갑고 그리워서(himerousin) 그것을 히메라라고 불렀던 것이네.

헤르모게네스 그런 것 같아요.

소크라테스 그러나 지금은 그 이름이 치장되어 있어서 자네는 헤메라가 무슨 뜻인지 모를 걸세. 낮은 사물들을 유순하게(hēmera) 만들기에 헤메라라고 불린다고 생각하는 사람들도 있긴 하지만.

헤르모게네스 그런 것 같아요.

소크라테스 또한 자네도 알겠지만 옛날 사람들은 '쥐곤'(zygon)[180]을 '뒤아곤'(dyagon)이라고 불렀네.

헤르모게네스 물론 그랬지요.

소크라테스 그리고 '쥐곤'은 아무 뜻도 없지만, '뒤아곤'은 쟁기나 달구지를 함께 끌 수 있도록 가축 두 마리(dyoin agōgēn)를 한데 묶는 것에 적절하게 붙은 이름일세. 그런데도 그것은 지금 '쥐곤'으로 변했네. 그리고 그런 예는 부지기수일세.

헤르모게네스 그런 것 같아요.

소크라테스 마찬가지로 '데온'(deon)[181]도 그런 식으로 말하면 처음에는 좋은 것에 대한 모든 다른 이름과 정반대되는 것을 뜻하는 것처럼 보이네. '데온'은 좋은 것의 일종이지만 '블라베론'(blaberon)과 형제간인 양 족쇄(desmos)나 운동의 방해물로 보이니까.

헤르모게네스 소크라테스님, 정말로 그런 것 같아요.

소크라테스 하지만 자네가 지금 이름보다 훨씬 적절하게 붙여졌을 법한 옛 이름을 사용한다면 그렇지 않네. 만약 옛 이름에서처럼 엡실론(ε, e)을 이오타(ι, i)로 대치한다면 자네는 이 이름이 좋은 것에 대한 이전 이름들과 일치한다는 것을 발견하게 될 걸세. '데온'은 그렇지 않지만, 디이온(diion)[182]은 이름을 짓는 사람이 칭찬하는 좋은 것을 의미하니까. 그렇게 하면 이름을 짓는 사람은 자기모순에 빠지지 않게 되고, '데온'이 질서와 운동의 원칙을 뜻하는 다른 이름들인 '오펠리몬', '뤼시텔룬', '케르달레온', '좋은 것' (agathon), '쉼페론', '에우포론'(euporon)[183]과 같은 것임이 드러날 걸세. 질서와 운동의 원칙은 언제나 칭찬받지만, 제지와 속박의 b 원칙은 비난받는다네. 마찬가지로 '제미오데스'(zēmiōdes)의 경우도 만약 제타(zeta ζ, z)를 옛날의 델타(δ, d)로 대치한다면, 이 이름이 '데미오데스'(dēmiōdes)라고 발음되어 운동을 속박하는 것에게(dounti to ion) 붙은 것이라는 점이 밝혀질 걸세.

헤르모게네스 '헤도네'(hēdonē), '뤼페'(lypē), '에피튀미아' (epithymia)[184] 따위는 어떤가요?

소크라테스 그것들은 설명하기가 그다지 어렵지 않은 것 같네, 헤르모게네스. '헤도네'는 즐기는 것(hē ōnesis)을 목표로 하는 행위

---

180 '멍에'.
181 '의무'.
182 '관통하는 것'.
183 '형통하는 것'.
184 '쾌락' 또는 '즐거움'·'고통'·'욕구'.

이기에 그런 이름을 갖고 있는 것 같네. 그러나 거기에 델타(δ, d)가 삽입되어 '헤오네'(hēonē) 대신 '헤도네'(hēdonē)라고 불리는 것이라네. '뤼페'는 고통을 수반하는 몸의 해체(dialysis)에서 유래한 이름인 것 같네. '아니아'(ania)[185]는 운동을 방해하는 것을 뜻하네. '알게돈'(algēdōn)은 '알게이노스'(algeinos)[186]에서 파생된 외래어인 것 같네. '오뒤네'(odynē)[187]는 고통을 당하는 것(endysis tēs lypēs)에서 따온 이름인 것 같고. '아크테돈'(achthēdōn)[188]이 운동에 짐(achthos)을 지우는 것과 같다는 것은 누구에게나 자명하네. '카라'(chara)[189]는 혼의 흐름(rhoē)이 콸콸(diachysis) 시원하게 흐르는 것에서 유래한 이름인 듯하네. '테릅시스'(terpsis)[190]는 '테르프논'(terpnon)[191]에서 유래했으며, '테르프논'은 그것이 숨(pnoē)처럼 혼에 스며드는(herpsis) 데서 붙은 이름일세. 그래서 그것은 '헤르프눈'(herpnoun)이라고 불리는 것이 옳았겠지만 세월이 흐르면서 '테르프논'으로 이름이 바뀌었다네. '에우프로쉬네'(euphrosynē)[192]는 설명할 필요가 없네. 그것이 혼의 운동이 사물들의 운동과 조화를 이루는 것(eu sympheresthai)에서 유래했다는 것은 누가 봐도 분명하니까. 따라서 에우페로쉬네(eupherosynē)라 부르는 것이 옳겠지만, 우리는 그것을 '에우프로쉬네'라 부른다네. '에피튀미아'도 어렵지 않네. 이 이름은 분명 혼의 기개적(氣槪的)인 부분에 대항하는 힘에서 유래했으니까. 그리고 '기개'(氣槪 thymos)는 혼의 격함(thysis)과 끓어오름(zesis)에서 유래한 이름일세. '히메로스'(himeros)[193]는 혼을 가장 강력하게 끌어당기는 흐

130

름(rhous)에 붙여진 이름이고. 그것은 세차게 흐르고(hiemenos rhei) 사물들을 덮치며(ephiemenos) 그러한 격류에 힘입어 혼을 세차게 끌어당기네. 또한 그것은 그런 힘을 모두 가지고 있기에 '히메로스'라고 불리는 것이라네. 한편 '포토스'(pothos)[194]라는 이름은 그것이 곁에 있는 것을 향한 욕구가 아니라, 다른 어딘가에 있거나 곁에 없는 것을 향한 욕구를 뜻하네. 그리하여 같은 욕구라도 대상이 곁에 없으면 '포토스'라고 불리고, 대상이 곁에 있으면 '히메로스'라고 불린다네. 그리고 '에로스'(erōs)[195]는 그것이 외부에서 흘러들어오기(esrhei) 때문에, 말하자면 그런 흐름이 그것을 가진 사람에게 내재하는 것이 아니라 눈을 통해 도입되기 때문에 '에로스'라고 불리지. 그래서 그것은 오메가(omega ω, ō) 대신 오미크론(o, o)을 쓴 옛날에는 '에스로스'(esros)[196]라고 불리지, 지금

---

185 '슬픔'.
186 '괴로움' '괴로운'.
187 '비통'.
188 '속상함'.
189 '기쁨'.
190 '환희'.
191 '환희에 찬'.
192 '명랑'.
193 '열망'.
194 '동경'.
195 '성애'(性愛).
196 '유입'(流入).

은 오미크론이 오메가로 바뀌어 '에로스'라고 불리는 거고. 이제 자네는 우리가 또 어떤 것을 고찰해야 한다고 주장할 텐가?

헤르모게네스 '독사'(doxa)[197]에 대해서는 어떻게 생각하세요?

소크라테스 '독사'는 혼이 사물의 본성에 대한 지식을 추구할 때의 '추구'(diōxis)에서 유래했거나, 아니면 활쏘기(toxon)에서 유래했네. 하지만 뒤의 설명이 더 그럴듯하지. 아무튼 '오이에시스'(oiēsis)[198]

c   가 이를 확인해주고 있네. 그것은 모든 개별 사물의 본성을 향한 혼의 움직임(oisis)를 뜻하는 것 같으니까. 마치 '불레'(boulē)[199]가 '볼레'(bolē)[200]와 관계있고, '불레스타이'(boulesthai)[201]나 '불레우에스타이'(bouleuesthai)[202]가 뭔가를 겨냥하는 것(ephiesthai)을 뜻하는 것처럼 말일세. 이런 이름들은 모두 '독사'를 따라 '볼레'의 뜻을 내포하고 있네. 마찬가지로 그 반대말인 '아불리아'(aboulia)[203]는 뭔가를 얻는 데 실패한 것(atychia)을 뜻하는 것 같네. 마치 누가 겨누었거나 원했거나 계획했거나 겨냥한 것을 맞히거나 얻는 데 실패한 것처럼 말일세.

d   **헤르모게네스** 좀 서둘러 설명하시는 것 같아요, 소크라테스님.

소크라테스 이제 나는 마지막 주로(走路)를 달리고 있으니까. 그렇지만 '아낭케'(anankē)[204]와 '헤쿠시온'(hekousion)[205]도 살펴보았으면 싶네. 이것들이 그다음 차례니까. '헤쿠시온'이라는 이름은 대항하지 않고 양보하는 것(to eikon)을 의미하네. 하지만 그것은 내가 말했듯이 우리의 의도에 맞는 운동에 양보하는 것(eikon tōi ionti)을 뜻하네. 그러나 '아낭카이온'(anankaion)[206]과 '안티튀폰'

(antitypon)[207]은 우리의 의도에 반하는 운동을 뜻하므로 과오나 무지[208]와 관련이 있네. 그것은 협곡(ankos)들을 통과하는 것에 비유되는데, 협곡은 통과하기 어렵고 울퉁불퉁하고 덤불이 무성하여 운동을 저지하기 때문일세. 그렇다면 '아낭카이온'이라는 이름은 그것이 협곡을 통과하는 것에 비유되는 데서 유래했을 걸세. 하지만 내 힘이 남아 있는 한 우리는 계속 최선을 다하도록 하세. 자네도 그만두지 말고 계속 질문을 해주게.

헤르모게네스 그렇다면 가장 크고 가장 고상한 이름들에 관해 질문할게요. '알레테이아'(alētheia),[209] '프세우도스'(pseudos),[210] '온'(on)[211] 말이에요. 그리고 지금 우리 논의의 주제인 '오노마'

e

421a

---

197 '의견'.
198 '생각'.
199 '계획' '의도'.
200 '과녁을 맞힘'.
201 '원하다'.
202 '숙고하다' '계획하다'.
203 '무계획'.
204 '강제'.
205 '자발적인'.
206 '강제적인'.
207 '반항하는'.
208 hamartia, amathia.
209 '참' '진리'.
210 '거짓'.
211 '존재'.

(onoma)는 어째서 그런 이름을 갖게 되었지요? [212]

소크라테스 자네는 '마이에스타이'(maiesthai)가 무슨 뜻인지 아는가?

헤르모게네스 네. 그것은 '탐구한다'(zētein)는 뜻이지요.

소크라테스 그렇다면 '오노마'라는 이름은 '이것은 우리의 탐구 대상(zētēma)이 되고 있는 존재(on)이다'라는 뜻의 문장이 축약된 걸세. 이 점은 '오노마스톤'(onomaston)[213]이라는 형용사에서 더 쉽게 알 수 있네. 이 말은 '이것은 탐구 대상이 되고 있는 존재이다'
b (on hou masma estin)라는 것을 분명히 말해주니까. '알레테이아'(alētheia) 역시 존재의 신적인 움직임을 뜻하는 '테이아 알레'(theia alē)[214]가 축약된 이름일세. 그러나 '프세우도스'는 이런 운동과 반대되는 것일세. 그리하여 가만있도록 제지당하고 강요당하는 것은 이번에도 비난의 대상이 되며 잠든 사람들에(katheudousi) 비유되고 있네. 그러나 프시(psi ψ, ps)가 덧붙어서 이 이름의 뜻이 가려져 있네. '온'과 '우시아'(ousia)[215]는 거기에 이오타(ι, i)를 덧붙이면 '나아가는 것'(ion)을 뜻하므로 '알레테이아'(alētheia)와
c 같은 것을 말하네. 그리고 '우크 온'(ouk on)[216]은 '우크 이온'(ouk ion)[217]을 뜻하며, 실제로 '우크 온'을 '우키 온'(ouki on)이라고 발음하는 사람들도 있다네.

헤르모게네스 소크라테스님, 그대는 용감하게도 이 이름들을 성분별로 잘 분석하신 것 같군요. 그렇지만 누가 '이온'(ion), '레온'(rheon), '둔'(doun)[218]이라는 이름들의 올바름에 관해 그대에게

묻는다면···

소크라테스 "우리가 그에게 어떻게 대답하지요?"라고 자네는 말하려는 거겠지? 그렇지 않은가?

헤르모게네스 네, 그래요.

소크라테스 우리는 의미 있는 대답을 하는 것처럼 보이게 하는 한 가지 방법을 조금 전에 벌써 알아냈네.[219]

헤르모게네스 그게 어떤 방법이지요?

소크라테스 우리가 모르는 이름이 있으면 그것은 이민족의 이름이라고 말하는 것 말일세. 그런 이름들 가운데 어떤 것들은 실제로 이민족의 것일 수도 있고, 또 우리 말이라 해도 너무 오래되어 본래 형태를 찾아낼 수 없을 수도 있을 걸세. 실제로 이름들이 온갖 방법으로 뒤틀려 옛날의 우리 말이 지금의 이민족 말과 조금도 다르지 않다 해도 전혀 놀랄 일이 못 될 걸세.

헤르모게네스 터무니없는 말씀은 아닌 것 같아요.

d

---

212 '이름'.
213 '이름 지어진'.
214 '신적인 방랑'.
215 '존재' '실존' '본질' '실체'.
216 '존재하지 않는 것'.
217 '나아가지 않는 것'.
218 '나아가는 것' '흐르는 것' '결박하는 것'.
219 409d, 416a 참조.

소크라테스 내 말은 그럴듯한 말이니까. 그러나 경기에서는 핑계가 통하지 않는 만큼 우리는 이 이름들을 열심히 살펴봐야 하네. 하지만 우리는 다음을 명심해야 하네. 만약 누가 이름의 구성요소들을 묻고 나서 그 구성요소들의 구성요소들을 묻는 식으로 계속해서 묻는다면 그의 질문에 대답하는 사람은 결국에는 포기할 수밖에 없을 걸세.

헤르모게네스 그럴 것 같아요.

소크라테스 그렇다면 그가 언제 포기하고 그만두는 것이 옳을까? 그가 다른 낱말이나 이름들의 구성 요소가 되는 이름들에 이를 때가 아닐까? 그것들이 정말로 구성 요소들이라면 그것들이 다른 이름들로 구성되었다고 보는 것은 옳지 못할 테니까. 예를 들어 '아가톤'(agathon)[220]을 생각해보게. 우리는 그것이 '아가스톤'(agaston)[221]과 '토온'(thoon)[222]의 합성어라고 말했네.[223] 아마도 '토온'은 다른 이름들의 합성어이고, 다른 이름들은 또 다른 이름들의 합성어일 테지. 그러나 우리가 언젠가 더 이상 다른 이름들의 합성어가 아닌 이름을 붙잡는다면, 우리는 드디어 더는 다른 이름들로 분해할 수 없는 어떤 기본 요소에 이르렀다고 말해도 옳을 걸세.

헤르모게네스 내 생각에 옳은 말씀인 것 같아요.

소크라테스 그렇다면 지금 자네가 묻는 이름들은 기본 요소들이니, 우리는 그것들의 올바름을 종전과는 다른 방법으로 살펴봐야겠지?

136

헤르모게네스 그래야 할 것 같아요.

소크라테스 그래야겠지, 헤르모게네스. 아무튼 앞서 말한 이름들 c
은 모두 기본 요소들로 분해되었음이 분명하네. 그러나 만약 그것
이 내가 생각하는 것처럼 사실이라면, 자네는 이번에도 나를 도와
서 함께 살펴보도록 하게. 맨 처음 이름들의 올바름에 관해 내가
허튼소리를 하지 않도록 말일세.

헤르모게네스 어서 말씀하세요. 내가 힘닿는 데까지 함께 살필 테
니까요.

소크라테스 맨 처음 이름이든 맨 나중 이름이든 모든 이름에는 하
나의 올바름이 있으며, 이름이라는 점에서는 그것들 사이에 아무
런 차이가 없다는 데 자네도 동의하리라고 나는 생각하네.

헤르모게네스 물론이지요.

소크라테스 그런데 우리가 분석한 모든 이름의 올바름이 의도하는 d
것은 존재하는 것들이 저마다 어떤 본성을 지니고 있는지 밝히는
것이었네.

헤르모게네스 왜 아니겠어요?

소크라테스 그리고 이 점은 맨 처음 이름들에도 나중 이름들에도

---

220 '좋음'.
221 '경탄할 만한 것'.
222 '빠른 것'.
223 412b~c 참조.

적용되네. 그것들이 정말로 이름이려면 말일세.

헤르모게네스 물론이지요.

소크라테스 그리고 나중 이름들은 먼저 이름들을 통해 그런 일을 해낼 수 있는 것 같네.

헤르모게네스 그런 것 같아요.

소크라테스 좋았어. 그런데 만약 맨 처음 이름들이 정말로 이름이 려면 존재하는 것들을 최대한 분명히 우리에게 밝힐 수 있어야 하 e 네. 하지만 그것들이 다른 이름들에 바탕을 두지 않는다면 어떻게 그럴 수 있겠는가? 다음 질문에 대답해주게. 만약 우리가 목소리 나 혀를 갖고 있지 않은데 서로에게 사물들에 관해 표현하기를 원 한다면, 우리는 벙어리들이 실제로 그렇게 하듯 손이나 머리나 신 체의 다른 부분으로 신호를 보내려 하지 않을까?

헤르모게네스 다른 방법이 있겠어요, 소크라테스님?

423a **소크라테스** 위에 있는 것이나 가벼운 것을 표현하고 싶으면 우리는 그 사물의 본성을 모방하여 손을 하늘로 들어 올릴 걸세. 그리고 아래에 있는 것이나 무거운 것들을 표현하고 싶으면 대지로 손을 내릴 걸세. 또한 말이나 다른 동물이 달리는 것을 표현하고 싶으면, 우리는 물론 우리의 몸과 몸짓이 최대한 그것들을 닮게 할 걸세.

헤르모게네스 지금 말씀하신 대로 할 수밖에 없겠지요.

소크라테스 왜냐하면 우리의 몸으로 어떤 것을 표현하는 유일한 b 방법은, 우리의 몸이 우리가 표현하고 싶어 하는 것을 모방하게 하 는 것이니까.

헤르모게네스 네.

소크라테스 그러니 우리가 목소리나 혀나 입으로 뭔가를 표현하고 싶다면, 우리가 그런 것들로 모방하는 데 성공해야만 그렇게 하는 데 성공할 걸세.

헤르모게네스 내가 보기에 그럴 수밖에 없는 것 같아요.

소크라테스 그렇다면 이름은 모방의 대상을 목소리로 모방하는 것이고, 어떤 것을 목소리로 모방하는 사람은 자기가 모방하는 것에 이름을 붙이는 걸세.

헤르모게네스 나는 그렇다고 생각해요.

소크라테스 하지만 여보게, 제우스에 맹세코, 그것은 아주 옳은 말은 아닌 것 같네.   c

헤르모게네스 왜 아니라는 거죠?

소크라테스 그렇게 되면 우리는 양이나 수탉이나 다른 동물들을 모방하는 사람들이 자기들이 모방하는 것에 이름을 붙인다는 데 동의하지 않을 수 없을 테니까.

헤르모게네스 옳은 말씀이에요.

소크라테스 자네는 그렇게 하는 것이 옳다고 생각하나?

헤르모게네스 아니요, 나는 그렇다고 생각하지 않아요. 그렇다면 소크라테스님, 이름은 어떤 종류의 모방인가요?

소크라테스 첫째, 우리가 시가(詩歌)에서 모방하듯 사물들을 모방한다면 설사 문제의 모방이 목소리에 의한 모방이라 해도 우리는   d
사물들에 이름을 붙이는 것이 아닐 걸세. 둘째, 시가가 모방하는 것들을 우리가 모방하는 경우도 이름을 붙이는 것이 아닐 걸세. 내 말은 이런 뜻일세. 모든 사물에는 저마다 소리와 형태가 있고, 많은 사물에는 빛깔이 있겠지?

헤르모게네스 물론이지요.

소크라테스 그러나 이름을 붙이는 기술은 그런 자질들을 모방하는 것과는 관계가 없는 듯하네. 그런 자질들을 모방하는 것과 관계있는 것은 시가와 회화일세. 그렇지 않은가?

헤르모게네스 네.

e **소크라테스** 이건 어떤가? 사물에는 저마다 빛깔과 방금 우리가 언급한 다른 자질들이 있듯이, 어떤 본질[224]도 있다고 생각되지 않는가? 우선, 빛깔과 목소리와 '존재한다'고 불릴 자격이 있는 다른 모든 것에는 저마다 어떤 본질이 있지 않은가?

헤르모게네스 나는 그렇다고 생각해요.

소크라테스 그렇다면 각 사물이 지닌 이런 본질을 자모와 문자로 모방할 수 있는 사람이 있다면, 그는 각각의 사물이 무엇인지 표현할 수 있지 않을까? 그렇지 않을까?

424a **헤르모게네스** 그야 물론이지요.

소크라테스 자네는 그런 일을 할 수 있는 사람을 무엇이라고 부를 텐가? 자네는 앞서 그런 능력을 가진 다른 사람들을 음악가와 화가라 불렀듯이 이 사람은 무엇이라 부를 것인가?

헤르모게네스 소크라테스님, 그는 우리가 아까부터 찾은 그 사람, 곧 이름 짓는 사람인 것 같아요.

소크라테스 그게 사실이라면 우리의 다음 과제는 자네가 묻고 있는 '로에'(rhoē), '이에나이'(ienai), '스케시스'(schesis)[225] 같은 이름들에서 이름 짓는 사람이 과연 자모와 음절로써 자기가 이름 지은 사물들의 실재를 파악하고 그 사물들의 본질을 모방하는지 아닌지 고찰하는 일이겠지?

b

헤르모게네스 물론이지요.

소크라테스 자 그렇다면, 이것들만이 맨 처음 이름들인지, 아니면 다른 것들도 많이 있는지 살펴보기로 하세.

헤르모게네스 나는 다른 것들도 있다고 생각해요.

소크라테스 아마 있겠지. 하지만 우리는 모방자가 모방을 시작하는 수단들을 어떻게 구분해야 하는가? 본질의 모방은 자모와 음절로 이루어지는 만큼 먼저 자모 또는 요소들을 구분하는 것이 가장 올바른 방법이겠지? 마치 리듬 공부를 시작한 사람들이 먼저 자모 또는 요소들의 음가를 구분하고, 그런 다음 음절들의 음가를 구분하고, 그러기 전이 아니라 그런 연후에 리듬 공부를 시작하듯이 말일세.

c

헤르모게네스 네.

소크라테스 그처럼 우리도 먼저 모음들을 구분하고, 그런 다음 자음과 폐쇄음들을 — 전문가들은 그렇게 일컫는다네 — 여러 부류

224 ousia.
225 '흐름' '나아가기' '저지'.

로 구분하고, 모음도 폐쇄음도 아닌 반모음(半母音)들을 구분해야
겠지? 그런 다음 모음들 자체도 종류가 서로 다른 것들은 구분해
야겠지? 이런 것들을 모두 구분한 뒤 우리는 이름을 붙여야 할 모
든 사물에 주의를 기울이며 마치 이름들이 자모로 환원되듯 그것
들이 모두 환원될 수 있는 요소들이 있는지 살펴봐야 하네. 그러
면 우리는 그것들에서 사물들의 본성을 알 수 있을 것이며, 사물
들에도 자모의 경우처럼 여러 부류가 있는지 알 수 있을 걸세. 우
리는 이런 점들을 모두 잘 살펴보고 나서 적절성과 관련해 각각의
자모를 어떻게 적용해야 하는지, 사물 하나에 하나의 자모를 적용
해야 하는지 아니면 여러 자모를 결합해서 적용해야 하는지 알아
내야 하네. 마치 화가들이 무엇을 그리고 싶으면 자주색만 사용하
기도 하고 다른 색깔을 사용하기도 하고 또 사람의 살갗 따위를
그릴 때는 여러 색깔을 섞어서 사용할 때도 있듯이 말일세. 특정
주제는 특정 색깔을 요구한다는 것이 화가들의 생각인 것 같네.
그와 마찬가지로 우리도 사물들에 자모들을 적용하되 그래야 한
다고 생각되면 한 사물에 하나의 자모를 사용하거나 여러 자모를
함께 사용하여 이른바 음절을 만들 것이며, 여러 음절을 결합하
여 명사와 동사들을 만들 것이네. 그리고 명사와 동사들로 우리는
마침내 중요하고 아름답고 완전한 것을 구성할 것이네. 또한 우리
가 예를 든 화가가 동물을 그렸듯이, 이름 붙이기 기술 또는 수사
학 또는 그 이름이 무엇이든 어떤 기술에 의해 우리는 문장[226]을
만들어낼 걸세. 아니, 그렇게 하는 것은 우리가 아닐세. 그런 말을

하다니, 내가 지나쳤네. 그런 방법으로 사물들을 구성한 것은 옛날 사람들이니까. 그러니 우리가 이 모든 것을 과학적으로 검토해야 한다면 우리가 할 일은 맨 처음 이름들과 나중 이름들이 본성 b에 맞게 붙여졌는지 알기 위해 옛사람들이 결합시킨 곳에서 분해하는 것일세. 친애하는 헤르모게네스, 다른 방법으로 이름을 사물과 결부시키는 것은 바람직하지 않으며 옳은 방법이 아닐세.

헤르모게네스 제우스에 맹세코, 그런 것 같아요, 소크라테스님.

소크라테스 어떤가? 자네는 사물들을 그런 방법으로 구분할 자신이 있는가? 나는 그럴 자신이 없네만.

헤르모게네스 나는 더더욱 자신이 없어요.

소크라테스 그렇다면 우리 그만둘까? 아니면 자네는 우리가 최선을 다해 이 이름들에 관해 조금이라도 알아낼 수 있는지 한번 시도해보고 싶은가? 그리고 조금 전에[227] 우리가 진리에 관해서는 아무 c것도 모르기에 신들에 대한 인간들의 의견을 말할 뿐이라고 신들에게 고했듯이, 이번에는 우리가 시작하기 전에 우리든 다른 사람이든 누가 이름들을 적절히 구분해야 한다면 그는 우리가 방금 말한 방법으로 이름들을 구분하겠지만, 현재 상황에서 우리는 사람들 말처럼 있는 힘을 다해 그렇게 해야 하리라고 우리 자신에게 말할까? 자네도 이에 동의하는가? 아니면 자네는 어떻게 생각하는가?

226 logos.
227 401a 참조.

헤르모게네스 나도 전적으로 동의해요.

d **소크라테스** 헤르모게네스, 사물들이 자모와 음절을 통한 모방에 의해 밝혀진다는 것은 우스꽝스러워 보일 걸세. 하지만 그럴 수밖에 없네. 맨 처음 이름들의 참됨에 관한 한 우리는 이보다 더 나은 설명에 의존할 수 없으니까. 비극 시인들은 곤경에 빠지면 기계장치에 의한 신[228]들을 도입하는데, 우리가 그런 선례를 따르기를 자네가 원하지 않는다면 말일세. 그러니 우리도 맨 처음 이름들은 신들이 지었고, 그러기에 옳다고 말함으로써 곤경에서 벗어날 수

e 있을 걸세. 이것이 우리가 할 수 있는 최선의 설명일까? 아니면 맨 처음 이름들은 우리보다 더 오래된 이민족들에게 받아들였다는 설명이 최선일까? 아니면 이민족들에게서 유래한 이름들을 살펴볼 수 없듯, 맨 처음 이름들은 너무 오래되어 살펴볼 수 없다는 설

426a 명이 최선일까? 사실 이런 설명들은 모두 어째서 맨 처음 이름들이 올바르게 붙여진 것인지 설명하려 하지 않는 사람들의 그럴싸한 핑계에 불과하네. 하지만 이유가 무엇이든 누가 맨 처음 이름들의 올바름에 관해 모른다면 나중 이름들의 올바름에 관해서도 알수 없네. 나중 이름들은 그가 모르는 맨 처음 이름들로 설명할 수 있으니까. 그러니 나중 이름들을 과학적으로 이해한다고 주장하

b 는 사람은 분명 무엇보다도 맨 처음 이름들을 완벽하게 설명할 수 있어야 하네. 그러지 못하면 그는 자기가 나중 이름들에 관해 말하는 것은 허튼소리가 될 거라고 확신해야 할 걸세. 아니면 자네는 생각이 좀 다른가?

헤르모게네스 아니, 전혀 다르지 않아요, 소크라테스님.

소크라테스 사실 맨 처음 이름들에 대한 내 생각은 내가 보기에도 아주 주제넘고 우스꽝스러운 것 같네. 그래도 자네가 원한다면 그것들을 자네에게 알려주겠네. 하지만 자네가 더 나은 것을 발견할 수 있다면 내게도 알려주게나.

헤르모게네스 내 그럴 테니, 염려 말고 말씀하세요.

소크라테스 먼저 로(ρ, r)는 모든 종류의 운동(kinēsis)을 표현하는 도구인 것 같네. 우리는 운동이 왜 '키네시스'(kinēsis)라는 이름을 갖는지 아직 설명하지 않았네. 하지만 그것은 분명 '헤시스' (hesis)[229]를 뜻하네. 옛날에는 우리가 에타(η, ē) 대신 엡실론(ε, e)을 썼으니까. '키네시스'의 첫 부분은 '키에인'(kiein)에서 왔는데, 이것은 '이에나이'(ienai)[230]에 해당하는 비(非)앗티케 방언일세. 그러니 자네가 오늘날의 '키네시스'에 해당하는 옛날 이름을 발견하고 싶다면 '헤시스'가 정답일세. 그러나 오늘날 비(非)앗티케 방언인 '키에인'을 받아들여 엡실론을 에타로 바꾸고 뉘(ν, n)를 삽입함으로써 그것은 '키네시스'(kinēsis)가 되었네. '키에이네

c

d

---

228 이른바 데우스 엑스 마키나(deus ex machina)를 말한다. 갈등이 플롯에 의해 해결되지 않을 경우, 비극 시인들은 신이 기중기 같은 기계장치를 타고 높은 곳에 나타나 다가올 미래사나 먼 과거사를 말하게 함으로써 갈등을 해결하는 방법을 사용했다.

229 '나아감'.

230 '나아가기'.

시스'(kieinesis)나 '키에시스'(kiesis)라고 불려야 함에도 말일세.
'스타에시스'(staesis)는 '이에나이'(ienai)의 부정(否定)을 뜻하는
데, 듣기 좋게 '스타시스'(stasis)라고 불린다네. 앞서 말한 것처럼,
이름을 짓는 사람은 로(ρ, r)를 운동을 나타내는 훌륭한 도구라고
생각한 것 같네. 아무튼 그는 로를 그런 목적으로 자주 사용하고 있
네. 먼저, 그는 '레인'(rhein)[231]과 '로에'(rhoē)[232]에서 자모 로로 운동
e   을 모방하고, 다음에는 '트로모스'(tromos)[233]에서, 다음에는 '트레
케인'(trechein)[234]에서 그렇게 하고 있네. 나아가 '크루에인'
(krouein),[235] '트라우에인'(thrauein),[236] '에레이케인'(ereikein),[237]
'트륍테인'(thryptein),[238] '케르마티제인'(kermatizein),[239] '륌베인'
(rhymbein)[240] 같은 낱말들에서도 그는 주로 자모 로를 사용하여
그것들의 운동을 나타내고 있네. 그는 아마 자모 로를 발음할 때
혀가 가장 적게 멈추어 있고 가장 많이 흔들리는 것을 본 것 같네.
그래서 그는 이 낱말들에서 자모 로를 사용한 듯하네. 그런가 하
면 그는 무엇이든 가장 쉽게 통과할 수 있는 미세한 것들에는 모두
427a 자모 이오타(ι, i)를 사용하고 있네. 그래서 그는 '이에나이'(ienai)[241]
와 '히에스타이'(hiesthai)[242]에서 이오타를 사용해 그런 운동을 모
방하고 있는 걸세. 마찬가지로 그는 '프쉬크론'(psychron),[243] '제
온'(zeon),[244] '세이스타이'(seisthai),[245] '세이스모스'(seismos)[246] 같
은 이름들에서는 자모 프히(phi φ, ph), 프시(ψ, psi), 시그마(ς, s),
제타(ζ, z)를 사용해 그런 운동을 모방하고 있는데, 이런 자모들
은 발음할 때 숨소리가 크기 때문일세. 아닌 게 아니라 바람이 부

146

는 것 같은 것을 모방할 때는 이름 짓는 사람은 거의 언제나 그런 자모들을 사용하는 것 같네. 그는 또 델타(δ, d)와 타우(τ, t)를 발음할 때 혀에 가해지는 압력과 압박이 '속박'(desmos)과 '정지' (stasis)의 관념을 모방하는 데 적합하다고 여긴 듯하네. 그는 또 특히 람다(λ, l)를 발음할 때 혀가 미끄러지는(olisthanei) 것을 보고는 그것을 사용하여 '레이아'(leia),[247] '올리스타네인'(olisthanein) 자체와, '리파론'(liparon),[248] '콜로데스'(kollōdes)[249] 따위의 이름

231 '흐르다'.
232 '흐름'.
233 '떨림'.
234 '달리다'.
235 '때리다'.
236 '박살 내다'.
237 '찢다'.
238 '부수다'.
239 '부스러뜨리다'.
240 '빙빙 돌리다'.
241 '나아가다'.
242 '서두르다'.
243 '추운'.
244 '끓는'.
245 '흔들리다'.
246 '흔들림', '지진'.
247 '반들반들한', '평편한'.
248 '반질반질한'.
249 '끈적끈적한'.

을 지어냈네. 그는 또 감마(gamma γ, g)의 힘에 의해 혀의 미끄러짐이 저지당하는 곳에서는 '글리스크론'(glischron),[250] '글뤼퀴'(glyky),[251] '글로이오데스'(gloiōdes)[252] 같은 이름들로 들러붙는 것

c 을 모방했네. 그는 또 뉘(ν, n) 음이 안쪽에서 난다는 것을 알고는 자모들이 사물을 모방하게 하기 위해 '엔돈'(endon)[253]과 '엔토스'(entos)[254]라는 낱말들을 만들어냈네. 그는 또 알파(α, a)는 크기에, 에타(η, ē)는 길이에 배정했는데, 이 자모들은 둘 다 길게 발음하기 때문이라네. 그는 또 오미크론(o, o)이 '둥그라미'를 나타내기를 원해서 '공귈론'(gongylon)[255]이라는 이름에 오미크론을 여러 개 섞어 넣은 걸세. 그리고 입법자는 존재하는 모든 것에 자모와 음절로 이름을 지어주기 위해 다른 자모들도 그런 방법으로 사용했으며, 이런 이름들을 모방하여 나머지 이름들도 합성한 듯하네.

d 헤르모게네스, 내가 보기에 이름의 올바름이라는 말은 그런 뜻인 것 같네. 여기 있는 크라튈로스가 이의를 제기하지 않는다면 말일세.

헤르모게네스 아닌 게 아니라 소크라테스님, 내가 처음에 말씀드렸듯이, 크라튈로스는 자꾸만 나를 큰 혼란에 빠뜨려요. 그는 이름들의 올바름 같은 것이 있다고 주장하면서도 그것이 무엇인지 전혀 설명하지 않으니까요. 그래서 그가 그 점에 관해 번번이 분명하게 설명하지 않는 것이 의도적인 것인지 아니면 본의 아닌 것인지

e 알 수 없다니까요. 그러니 이제 크라튈로스, 소크라테스님 앞에서 내게 말해주게. 자네는 소크라테스님이 이름들에 관해 말씀하신

것에 동의하는가, 아니면 더 나은 이론을 제시할 수 있는가? 제시할 수 있다면 말해보게. 그러면 자네는 소크라테스님에게 배우게 되거나, 아니면 소크라테스님과 나를 가르치게 될 걸세.

크라튈로스 어떤가, 헤르모게네스? 자네는 어떤 주제를 그토록 빨리 배우거나 가르치는 것이 쉬운 일이라고 생각하는가? 특히 가장 중요한 주제들에 속한다고 생각되는, 우리의 이 주제처럼 중요한 주제일 때는 그건 어림없는 일일세.

헤르모게네스 제우스에 맹세코, 나야 그렇게 생각하지 않지. 내가 428a 보기에 "누가 작은 것에 작은 것을 보탠다 해도 그것은 유익한 일일세"[256]라는 헤시오도스의 말은 훌륭한 것 같네. 그러니 자네가 조금이라도 더 보탤 수 있다면 수고를 아끼지 말고 여기 계신 소크라테스님을 도와드리고—그분에게는 그렇게 해야 마땅하네—나도 도와주게나.

소크라테스 꼭 그렇게 해주게, 크라튈로스. 나는 내가 말한 것들에 확신이 서지 않네. 단지 헤르모게네스와 함께 살펴보면서 내가

---

250 '들러붙는'.
251 '달콤한'.
252 '찐득한'.
253 '안에서'.
254 '안쪽에서'.
255 '둥근'.
256 『일과 날』 359행 참조. 원전을 조금 고쳐서 인용한 것이다.

갖게 된 의견을 말했을 뿐일세. 그러니 주저하지 말고 말해주게.

b 자네 견해가 더 낫다면 기꺼이 받아들이겠네. 그리고 자네 견해가 더 낫다 해도 나는 놀라지 않을 걸세. 자네는 스스로 그런 문제들을 살펴보았을 뿐 아니라, 남들에게서도 배운 것 같으니까. 그러니 자네가 정말로 이름들의 올바름에 관해 더 나은 이론을 제시할 수 있다면, 나도 자네 제자들 중 한 명으로 출석부에 올려주게나.

크라튈로스 소크라테스님, 아닌 게 아니라 나는 그대의 말씀처럼 그런 문제들을 공부했으며, 그러니 어쩌면 그대를 제자로 삼을 수

c 있을지도 모르지요. 하지만 완전히 그 반대가 되어, 「간청」[257]에서 아킬레우스가 아이아스에게 하는 말을 내가 그대한테 하게 되지나 않을까 두려워요. 아킬레우스는 이렇게 말해요.

제우스의 후손이자 텔라몬의 아들인 아이아스여, 백성들의 지배자여,

그대가 한 말은 대체로 내 생각과 같은 것 같소.[258]

소크라테스님, 그대의 예언도 에우튀프론에게 영감을 받으셨든 아니면 그대도 모르게 그대 안에 오랫동안 거주한 어떤 다른 무사 여신에게 영감을 받으셨든 무척 내 마음에 드는 것 같아요.

d **소크라테스** 여보게 크라튈로스, 나도 아까부터 나 자신의 지혜에 놀라고 있지만, 그것이 믿어지지가 않네. 그래서 나는 내가 말한 것들을 다시 검토해야 한다고 생각하는 걸세. 최악의 기만은 자기

기만이니까. 속이는 자가 잠시도 자네 곁을 떠나지 않고 언제나 자네와 함께한다면 어찌 끔찍한 일이 아니겠는가? 그러니 우리는 재삼재사 우리가 앞서 말한 것들로 되돌아가 저 시인[259]의 말대로 '앞뒤를 동시에'[260] 살펴봐야 할 걸세. 그러니 이번에는 우리가 말한 것을 살펴보도록 하세. 우리 주장에 따르면, 이름의 올바름은 사물의 본성을 드러내는 데 있네. 우리는 이 발언이 충분하다고 말할까?

크라튈로스 내가 보기에는 충분하고도 남는 것 같아요, 소크라테스님.

소크라테스 그렇다면 이름을 말하는 것은 가르치기 위한 거겠지?

크라튈로스 물론이지요.

소크라테스 그렇다면 우리는 이름을 붙이는 것은 기술이며 거기에는 장인이 있다고 말할까?

크라튈로스 물론이지요.

소크라테스 그들은 누구지?

크라튈로스 입법자들이지요. 그대가 처음에 말씀하셨듯이.

429a

---

257 『일리아스』 9권의 소제목. 아킬레우스는 트로이아 전쟁 때 그리스군의 으뜸가는 장수이고, 아이아스(Aias)는 그에 버금가는 장수이다.
258 『일리아스』 9권 644~645행.
259 호메로스.
260 『일리아스』 1권 343행, 3권 109행.

소크라테스 우리는 이 기술도 다른 기술들과 같은 방법으로 사람들 사이에 생겨난 것이라고 말할까, 아니면 그렇지 않다고 말할까? 내 말은 이런 뜻일세. 어떤 화가들은 다른 화가들보다 못하거나 더 낫겠지?

크라튈로스 물론이지요.

소크라테스 그리고 더 나은 화가들은 더 나은 작품 또는 그림을 생산하겠지만 남들보다 못한 화가들은 더 열등한 작품들을 생산하겠지? 건축가들도 마찬가지여서, 어떤 건축가들은 더 훌륭한 집을 짓고 어떤 건축가들은 더 열등한 집을 짓겠지?

크라튈로스 네.

b **소크라테스** 입법자들도 더러는 더 훌륭한 작품을 생산하고, 더러는 더 열등한 작품을 생산하겠지?

크라튈로스 아니, 거기에는 동의할 수 없어요.

소크라테스 그렇다면 자네는 어떤 법들은 더 훌륭하고, 어떤 법들은 더 열등하다고 생각하지 않는다는 말인가?

크라튈로스 아니, 그렇다고 생각하지 않아요.

소크라테스 그렇다면 자네는 이름도 어떤 것은 더 열등하고, 어떤 것은 더 낫다고 생각하지 않겠구먼?

크라튈로스 물론이지요.

소크라테스 그렇다면 모든 이름이 옳겠구먼?

크라튈로스 네, 이름이란 이름은 모두 옳아요.

소크라테스 아까 우리가 언급한 바 있는, 여기 있는 우리 친구 헤

르모게네스의 이름은 어떤가? 우리는 그가 헤르메스의 자손이 아 c
닌 만큼 그것은 전혀 그의 이름이 아니라고 말할까, 아니면 그의
이름이긴 하지만 올바른 이름이 아니라고 말할까?

크라튈로스 소크라테스님, 나는 그것은 전혀 그의 이름이 아니라
고 생각해요. 그것은 그의 이름인 것처럼 보이지만 사실은 그 이
름이 드러내는 자질을 갖춘 다른 어떤 사람의 이름이에요.

소크라테스 그렇다면 누가 여기 있는 우리 친구는 헤르모게네스라
고 말할 때는 어떤가? 그것은 거짓말을 하는 게 아니겠구먼? 그도
그럴 것이, 그가 헤르모게네스가 아니라면 그는 헤르모게네스라
고 말하는 것조차 불가능하지 않을까?

크라튈로스 무슨 말씀이신지요?

소크라테스 자네가 말하려는 것은 거짓말을 하는 것은 전적으로 d
불가능하다는 것인가? 친애하는 크라튈로스, 그렇게 말하는 사
람은 예나 지금이나 많으니까 하는 말일세.

크라튈로스 하지만 소크라테스님, 누가 어떻게 존재하지 않는 것
을 말할 수 있으며 무엇인가를 말하면서 아무것도 말하지 않을 수
있지요? 거짓말을 하는 것은 존재하지 않는 것을 말하는 것 아닌
가요?

소크라테스 여보게, 자네의 논리는 이 나이의 나에게는 너무나 교
묘하네. 하지만 다음 물음에 대답해주게. 자네는 거짓을 주장할 e
수는 없어도 거짓을 말할 수는 있다고 생각하는가?

크라튈로스 거짓은 말하는 것도 불가능하다고 생각해요.

소크라테스 무엇을 거짓으로 고하는 것과 누군가에게 거짓되게 말을 건네는 것은 어떤가? 이를테면 누가 이국땅에서 자네를 반가이 맞으며 자네 손을 잡고 "반갑소. 아테나이에서 온 손님, 스미크리온의 아들 헤르모게네스!"라고 말한다고 가정해보게. 그가 이런 말을 주장하거나 말하거나 고하거나 건네는 것은 자네한테가 아니라 여기 있는 헤르모게네스에게인가, 아니면 어느 누구에게도 아닌가?

크라튈로스 소크라테스님, 내가 보기에 그는 말이 아닌 소리를 하고 있는 것 같아요.

소크라테스 거참 반가운 대답일세. 나는 그가 한 말이 참인지 거짓인지, 아니면 일부는 참이고 일부는 거짓인지 물을 수 있으니까. 그것이면 충분하네.

크라튈로스 나는 그런 말을 하는 사람은 무의미한 소란을 피우며 마치 청동 냄비를 두드리듯 소음을 낼 뿐이라고 말하고 싶어요.

소크라테스 그렇다면 자, 크라튈로스, 우리가 어떻게든 타협점을 찾을 수 있을지 살펴보기로 하세. 자네는 이름과 이름이 주어진 사물은 별개의 것이라고 주장하겠지?

크라튈로스 네, 나는 그렇게 주장해요.

소크라테스 그렇다면 자네는 이름이 사물의 모방물이라는 데에도 동의하겠구먼?

크라튈로스 당연하지요.

소크라테스 그렇다면 자네는 그림이 사물의 다른 종류의 모방이라는 데에도 동의하겠구먼?

크라튈로스 네.

소크라테스 자네는 옳은 말을 하는데 내가 자네 말을 제대로 이해하지 못할 수도 있기에 하는 말일세. 자, 말해주게. 그림과 이름이라는 모방은 둘 다 그것들이 모방하는 사물들에 배정되고 적용할 수 있는가, 아니면 그럴 수 없는가?

크라튈로스 그럴 수 있어요.

소크라테스 그렇다면 먼저 다음 질문을 고찰해보게. 우리는 남자의 상(像)은 남자에게 배정하고 여자의 상은 여자에게 배정하며, 다른 것들도 그렇게 할 수 있겠지?

크라튈로스 물론이지요.

소크라테스 반대로 남자의 상을 여자에게 배정하고 여자의 상을 남자에게 배정할 수도 있겠지?

크라튈로스 그것도 가능하지요.

소크라테스 이 배정들은 둘 다 올바른가, 아니면 첫 번째 배정만 올바른가?

크라튈로스 첫 번째 배정만 올발라요.

소크라테스 간단히 말해서 각 사물에 그것에 적합하고 닮은 것을 부여하는 배정만이 올바른 걸세.

크라튈로스 나는 그렇다고 생각해요.

소크라테스 자네와 나는 친구니까 나는 자네와 말다툼을 하고 싶지 않네. 그러니 내 말이 무슨 뜻인지 설명을 들어보게. 나는 첫 번째 배정은 그것이 그림의 배정이건 이름의 배정이건 올바르다고 부르지만, 이름의 배정인 경우 나는 그것은 올바를뿐더러 참되다고 부르네. 그리고 닮지 않은 모방을 부여하고 적용하는 다른 종류의 배정은 올바르지 못하다고 부르며, 이름의 경우에는 거짓되다고 부른다네.

크라튈로스 하지만 소크라테스님, 이런 올바르지 못한 배정은 그림의 경우에는 가능하겠지만 언제나 올바르게 배정해야 하는 이름의 경우에는 불가능해요.

소크라테스 무슨 말을 하는 겐가? 둘 사이에 무슨 차이가 있다는 말인가? 나는 어떤 남자에게 다가가 "이것은 당신 초상화요"라고 말하면서 그에게 그의 상이나 또는 어떤 여자의 상을 보여줄 수 있지 않을까? 그리고 내가 말하는 '보여준다'는 것은 시각(視覺) 앞에 가져다놓는 것을 의미하네.

크라튈로스 물론 그럴 수 있지요.

소크라테스 어떤가? 나는 같은 남자에게 다시 다가가 "이것은 당신 이름이오"라고 말할 수 있지 않을까? 그림과 마찬가지로 이름도 모방물이니까. 그러니 나는 그에게 "이것은 당신 이름이오"라고 말하고 나서 그의 청각 앞에 "당신은 남자요"라고 말하며 그 남자의 모방물을 가져다놓거나, "당신은 여자요"라고 말하며 인류 가운데 여성의 모방물을 가져다놓을 수 있지 않을까? 자네는 이런 일이 있을 수 있으며 가끔 일어나기도 한다고 생각하지 않는가?

크라튈로스 소크라테스님, 나는 그대 말씀에 기꺼이 동의하고 싶으니, 그렇다고 해두시지요.

소크라테스 여보게, 고마우이. 그게 정말이라면 말일세. 그러면 우리는 이 문제를 놓고 더는 다툴 필요가 없을 테니까. 그러면 이름들이 그렇게 배정될 경우 우리는 그중 한쪽은 '참말 한다'고 부르고, 다른 쪽은 '거짓말 한다'고 부를 수 있을 걸세. 그러나 그것이 그렇다면 때로는 이름을 잘못 배정하여 적합한 사물들에 이름을 부여하지 않고 적합하지 못한 사물들에 이름을 부여할 수도 있을 걸세. 이 점은 동사들의 경우도 마찬가지일세. 그리고 동사와 명사가 그렇게 배정될 수 있다면, 이 점은 문장의 경우도 마찬가지일 수밖에 없네. 내 생각에, 문장은 동사와 명사의 결합이니까. 아니면 자네는 그에 대해 어떻게 생각하는가, 크라튈로스?

크라튈로스 나도 그렇게 생각해요. 그대 말씀이 옳은 것 같아요.

소크라테스 또 맨 처음 이름들을 그림에 견주자면, 그림에서는 적절한 색깔과 형상을 다 재현하거나, 아니면 다 재현하지 않을 수도 있네. 어떤 것들은 빠뜨리거나, 어떤 것들은 너무 많은 것이 포함되거나, 아니면 포함된 것들이 너무 클 수 있을 걸세. 그렇지 않은가?

크라튈로스 그렇고말고요.

소크라테스 그렇다면 그것들을 다 재현하는 사람은 훌륭한 그림 또는 상(像)을 만들어내겠지만, 덧붙이거나 빠뜨리는 사람은 열등한 그림이나 상을 만들어내겠지?

크라튈로스 네.

b

c

d

소크라테스 음절이나 자모로 사물의 본질을 모방하는 사람은 어떤가? 같은 논리에 따라, 그가 적절한 것을 전부 재현한다면 상(像)은, 다시 말해 이름은 훌륭한 것이 되겠지? 그러나 그가 가끔 조금 빼거나 덧붙인다면, 그래도 상을 만들어내겠지만 훌륭한 상은 아니겠지? 그래서 어떤 이름들은 잘 만들어지지만, 다른 이름들은 잘못 만들어지겠지?

크라튈로스 아마도 그럴 것 같아요.

e

소크라테스 그렇다면 아마도 이름의 장인(匠人) 가운데 어떤 사람은 훌륭하지만, 다른 사람은 열등하겠지?

크라튈로스 네.

소크라테스 그런 장인의 이름은 '입법자'[261]였네.

크라튈로스 네.

소크라테스 그렇다면 제우스에 맹세코, 다른 기술자들처럼 어떤 입법자는 훌륭하지만 다른 입법자는 열등할 걸세. 우리가 앞서 말한 것들에 동의한다면.

크라튈로스 그건 그래요. 하지만 소크라테스님, 그대도 보시다시피 우리가 문법 지식에 따라 알파(α, a)와 베타(β, b)와 나머지 자모들을 이름들에 배정할 때, 만약 우리가 어떤 자모를 덧붙이거나 빼거나 자리바꿈하면 우리는 단순히 이름을 잘못 쓴 것이 아니라 이름을 아예 쓰지 않은 것이 될 거예요. 방금 말한 그런 일들이 일어나면 당장 다른 이름이 될 테니까요.

432a

소크라테스 어쩌면 우리는 문제를 잘못된 방법으로 고찰하고 있는

지도 모르네, 크라튈로스.

크라튈로스 왜죠?

소크라테스 아마도 자네가 말하는 그런 일은 반드시 어떤 수(數) 이거나 아니면 존재하기를 그치는 그런 것들에 일어날 수 있을 걸 세. 이를테면 자네가 10이라는 수에 무엇을 덧붙이거나 무엇을 빼 면 그것은 당장 다른 수가 되네. 이 점은 자네가 다른 수를 골라도 마찬가지일세. 그러나 이것은 상(像) 일반처럼 감각적인 특징을 띤 b 사물들에 적용되는 그런 종류의 올바름은 아닐세. 오히려 그와 반대로, 상이 상으로 남으려면 그것이 모방하는 것의 특징을 다 재현해서는 안 되네. 내 말에 일리가 있는지 살펴보게. 다음과 같 은 경우 크라튈로스와 크라튈로스의 상이라는 두 가지가 있는 것 일까? 어떤 신이 자네의 색깔과 모습을 화가들처럼 재현할뿐더러 자네의 내부도 모두 자네 것과 똑같이 만들고 똑같은 유연성과 체 온을 만들어내어 자네 안에 있는 것과 똑같은 운동과 혼과 지혜 c 를 그 안에 넣는다고 가정해보게. 한마디로 어떤 신이 자네가 가 지고 있는 모든 것을 복제하여 자네 옆에 갖다놓는다고 가정해보 게. 그럴 경우 크라튈로스와 크라튈로스의 상이 있는 것인가, 아 니면 두 명의 크라튈로스가 있는 것인가?

크라튈로스 소크라테스님, 내가 보기에는 두 명의 크라튈로스가

261 nomothetes.

있는 것 같아요.

소크라테스 그렇다면 여보게, 상이나 우리가 방금 논의한 이름들에서는 다른 종류의 올바름을 찾아야 하며, 거기에 무엇이 빠지거나 덧붙으면 더는 상이 아니라고 우겨서는 안 된다는 것을 알겠는가? 아니면 자네는 상들은 그것들이 모방하는 사물들과 같은 특성을 띠기에는 얼마나 역부족인지 깨닫지 못하겠는가?

크라튈로스 아니, 깨달았어요.

소크라테스 아무튼 크라튈로스, 이름들은 이름들이 가리키는 사물들에 우스꽝스러운 영향을 미치게 될 걸세. 만약 이름들과 이름들이 가리키는 사물들이 모든 점에서 완전히 닮았다면 말일세. 그럴 경우 모든 것이 복제되어 그중 어느 것이 사물이고 어느 것이 이름인지 어느 누구도 말할 수 없을 테니까.

크라튈로스 옳은 말씀이에요.

소크라테스 그러니 여보게, 용기를 내어 이름도 잘 지어진 것이 있고 잘못 지어진 것이 있다는 점을 인정하게나. 이름은 그것이 가리키는 사물과 똑같아지도록 모든 자모를 포함해야 한다고 우기지 말고, 이름에는 적절하지 못한 자모도 포함된다는 점을 인정하라는 말일세. 그러나 적절하지 못한 자모가 이름에 포함되면, 적절하지 못한 이름이 어구에 포함될 수도 있네. 그리고 적절하지 못한 이름이 어구에 포함되면, 사물들에 적절하지 못한 어구가 문장에 쓰일 수도 있네. 하지만 그럼에도 사물들은 이름 지어지고 기술되네. 자네가 기술하는 사물들의 보편적인 특성이 어구들에 포함된

다면. 그리고 자네도 기억하겠지만, 바로 이것이 조금 전에 자모들 433a
의 이름을 두고 논할 때 나와 헤르모게네스가 주장한 것일세.[262]

크라튈로스 기억나요.

소크라테스 좋아. 그러니 적절한 자모를 다 포함하지 않는다 해도 사물의 보편적인 특성을 포함한다면 이름이 사물을 기술할 것이 네. 물론 이름이 적절한 자모를 다 포함하면 사물을 잘 기술하고 적게 포함하면 나쁘게 기술하겠지만 말일세. 여보게, 우리는 그렇다고 인정하기로 하세. 그러지 않으면 우리는 밤늦게 아이기나 섬의 거리를 헤매는 사람들처럼[263] 진실로 사물들에 너무 늦게 도착 b 한[264] 것처럼 보일 걸세. 그러지 않으면 자네는 이름의 올바름에 관한 다른 이론을 찾아내야 할 테고, 이름은 음절과 자모로 사물을 표현한다는 데 동의하지 말아야 할 걸세. 자네가 이 두 가지를 다 주장하다가는 자가당착에 빠질 테니까.

크라튈로스 소크라테스님, 그대 말씀에 일리가 있는 것 같아 받아들일 게요.

소크라테스 우리가 이에 동의했으니 다음 문제를 살펴보기로 하세. 우리 주장에 따르면, 이름이 잘 지어진 것이려면 적절한 자모

---

262 393d~e 참조.
263 이 이야기의 출전은 밝혀지지 않았다. 아이기나(Aigina)는 아테나이의 앞바다에 있는 섬이다.
264 지엽적인 문제에 너무 매달리다가.

들을 가져야겠지?

크라튈로스 네.

c **소크라테스** 그리고 적절한 자모들이란 사물들을 닮은 것들이겠지?

크라튈로스 물론이지요.

소크라테스 그렇다면 잘 지어진 이름은 그렇게 지어진 것일세. 그러나 어떤 이름이 잘 지어진 것이 아닐 경우, 그것이 정말로 상(像)이라면 그것이 가진 자모의 대부분은 적합하거나 그것이 가리키는 사물을 닮았지만, 적절하지 못한 자모들도 포함되어 있는 탓에 훌륭하거나 잘 지어진 이름이 아닌 것이네. 우리의 주장은 그런 것인가, 아니면 다른 것인가?

크라튈로스 소크라테스님, 논쟁을 계속해서 내가 얻을 것은 하나도 없을 것 같네요. 그렇지만 잘 지어지지 못한 이름도 이름이라는 주장은 내 마음에 들지 않아요.

d **소크라테스** 이름은 사물을 표현하는 방법이라는 것이 마음에 들지 않는다는 겐가?

크라튈로스 네.

소크라테스 그렇다면 자네는 이름들 가운데 어떤 것들은 이전 이름들이 합성된 것이고, 다른 이름들은 맨 처음 이름이라는 주장은 옳다고 생각하는가?

크라튈로스 네.

소크라테스 하지만 맨 처음 이름들이 사물들을 표현하게 하려면,

그러기 위해 이름들과 이름들이 표현할 사물들이 최대한 닮게 하는 것보다 더 나은 방법이 있을까? 아니면 자네는 헤르모게네스 e와 다른 많은 사람들이 제안한 방법이 더 마음에 드는가? 그들의 주장인즉, 이름들은 합의의 산물이므로 합의하기 전에 이미 사물들을 알고 합의에 참가한 사람들에게만 사물들을 표현하며, 합의가 이름들의 올바름의 유일한 원칙이기에 우리가 현재의 합의를 받아들이건 아니면 그와 반대되는 것을 받아들여 지금 우리가 '작다'고 부르는 것을 '크다'고 부르건 지금 우리가 '크다'고 부르는 것을 '작다'고 부르건 아무런 차이가 없다는 것일세. 이 두 방법 가운데 어느 것이 자네 마음에 드는가?

크라튈로스 소크라테스님, 닮음에 따라 사물을 표현하는 이름이 434a우연히 주어진 이름보다 모든 면에서 더 우수하겠지요.

소크라테스 옳은 말일세. 그러나 이름이 정말로 사물을 닮는다면 맨 처음 이름들을 구성한 자모들이 본성상 사물들을 닮을 수밖에 없지 않을까? 앞서 그림에 비유한 일로 되돌아가서 설명하자면, 만약 그림이 회화술이 모방하는 사물들을 본성적으로 닮은 물감들로 구성되지 않는다면, 과연 그림이 존재하는 사물들을 닮 b을 수 있을까? 그건 불가능하지 않을까?

크라튈로스 불가능해요.

소크라테스 그렇다면 마찬가지로 이름들 역시 그 어떤 것도 닮을 수 없을 걸세. 이름을 구성하는 요소들이 이름들이 모방하는 사물들을 아예 닮지 않았다면 말일세. 그런데 이름들을 구성하는 요소들은 자모들이겠지?

크라튈로스 네.

소크라테스 그렇다면 조금 전에 내가 헤르모게네스와 논의한 주제를 자네도 고찰해주게. 자, 말해주게나. 자네는 로(ρ, r)는 움직임과 운동과 단단함을 표현한다는 내 말이 옳다고 생각하는가? 아니면 옳지 않다고 생각하는가?

크라튈로스 옳다고 생각해요.

소크라테스 그리고 람다(λ, l)는 매끄러움과 부드러움과 그 밖의 우리가 언급한 다른 것들을 닮았지?

크라튈로스 네.

소크라테스 그런데 우리가 '스클레로테스'(sklērotēs)[265]라고 부르는 것을 에레트리아[266]인들은 '스클레로테르'(sklērotēr)라고 부른다는 것을 자네는 알고 있는가?

크라튈로스 물론이지요.

소크라테스 로(ρ, r)와 시그마(ς, s)는 둘 다 같은 것을 닮았으며, 그래서 로로 끝나는 이름은 그들에게 시그마로 끝나는 이름이 우리에게 표현하는 것과 같은 것을 표현하는가, 아니면 그중 하나는 우리 가운데 어느 한쪽에게는 아무런 의미도 없는가?

크라튈로스 그것들은 양쪽 모두에게 같은 것을 뜻해요.

소크라테스 로와 시그마가 닮은 한 그런가, 아니면 닮지 않은 한 그런가?

크라튈로스 그것들이 닮은 한 그렇지요.

소크라테스 그것들은 모든 점에서 닮았는가?

크라튈로스 어쨌거나 운동을 표현한다는 점에서 그것들은 닮았어요.

소크라테스 이들 이름에 들어 있는 람다(λ, l)는 어떤가? 그것은 단단함의 반대를 표현하지 않는가?

크라튈로스 그것은 아마 그 이름들에 잘못 포함되어 있는 것 같아요, 소크라테스님. 조금 전에 그대가 필요한 곳에 자모를 빼거나 덧붙이면서 헤르모게네스에게 예시(例示)한 경우들처럼 말이에요. 나는 그대가 그렇게 하는 것이 옳다고 생각해요. 이 경우 아마도 람다(λ, l)를 로(ρ, r)로 대치해야 할 것 같아요.

소크라테스 좋은 말일세. 어떤가? 만약 누가 지금 우리가 발음하는 대로 '스클레론'(sklēron)[267]이라고 말한다면 우리는 그가 하는 말을 이해하지 못할까? 내가 그렇게 말한다면 자네도 내 말뜻을 이해하지 못하겠는가? e

크라튈로스 이해하겠지요. 그것은 관습이니까요.

소크라테스 자네가 관습이라고 말할 때, 자네는 합의와 다른 것을 말한다고 생각하는가? 자네가 말하는 관습이란 다름 아니라 내가 이런 말을 하면 이런 뜻이고 내가 그런 뜻으로 말한다는 것을

---

265 '단단함'.
266 에레트리아(Eretria)는 에우보이아(Euboia) 섬의 도시이다.
267 '단단한'.

자네가 안다는 것 아닌가? 자네 말뜻은 그런 게 아닌가?

크라튈로스 네, 그래요.

소크라테스 내가 어떤 이름을 말할 때 자네가 내 말뜻을 안다면, 그 이름은 나에게는 내가 말하고자 하는 바를 자네에게 표현하는 수단이 되겠지?

크라튈로스 네.

소크라테스 설사 내가 말하는 이름이 내가 의미하는 사물을 닮지 않았다 해도. 자네가 예를 든 경우로 되돌아가, 람다(λ, l)는 단단함을 닮지 않았으니 말일세. 그러나 그게 사실이라면 자네는 자네와 합의를 한 것이고, 이름의 올바름은 자네에게는 합의의 문제가되었네. 그도 그럴 것이, 닮은 자모들뿐만 아니라 닮지 않은 자모들도 사물들을 표현하는 것은 관습과 합의의 영향이 아니겠는가? 그리고 관습은 합의와 전혀 다른 것이라 해도 우리는 앞으로 무언가를 표현하는 것은 닮음이 아니라 관습이 하는 일이라고 말해야 할 걸세. 관습은 닮은 이름들뿐만 아니라 닮지 않은 이름들도 사물들을 표현할 수 있게 하는 것 같으니까. 또한 우리가 이런 점들에 동의한다면—나는 자네의 침묵을 동의한다는 뜻으로 받아들이니까—합의도 관습도 우리가 말할 때 우리가 의미하는 것을 표현하는 데 나름대로 기여함에 틀림없네. 여보게, 다시 수(數)를 예로 들자면,[268] 만약 자네의 이런 합의와 관습이 이름들의 올바름을 결정하는 권한이 없다면, 자네는 각각의 수를 닮은 이름들을 어디에서 얻을 수 있으리라고 생각하는가? 나 자신은 이름들

166

은 가능한 한 사물들을 닮아야 한다는 이론이 마음에 들지만, 이런 이론을 옹호하는 것은 헤르모게네스의 말처럼[269] 억지스러워서 이름의 올바름을 위해 합의라는 상투적인 수단을 추가로 사용해야 하지 않을까 두렵네. 아마도 가능한 한 훌륭하게 말하는 최선의 방법은 언제나 또는 거의 언제나 사물들을 닮은, 다시 말해 적합한 이름들을 사용하는 데 있고, 반대로 최악의 방법은 그와 반대되는 이름들을 사용하는 데 있기에 하는 말일세. 그건 그렇고, 다음 질문에 대답해주게. 우리는 이름들이 어떤 힘을 갖고 있으며, 어떤 훌륭한 일을 한다고 주장할 텐가?

크라튈로스 소크라테스님, 이름들의 힘은 가르치는 거예요. 그리고 사물의 아름을 아는 사람이 사물도 안다는 것은 삼척동자도 알 수 있어요.

소크라테스 크라튈로스, 자네 말은 아마도 누군가 이름의 본성을 안다면—이름의 본성이 사물의 본성일세—사물은 이름을 닮은 만큼 사물도 알며, 서로 닮은 사물은 모두 같은 기술(技術)에 속한다는 뜻인 듯하네. 내 생각에 그래서 자네는 사물의 이름을 아는 사람이 사물도 안다고 주장하는 것 같네.

크라튈로스 지당하신 말씀이에요.

소크라테스 그렇다면 자네가 방금 말한 가르치는 방법이라는 게

268 432a 참조.
269 414c 참조.

무엇인지, 그보다 열등하지만 다른 방법도 있는지, 아니면 그와 다른 방법은 없는지 살펴보기로 하세. 자네 생각은 어떤가?

크라튈로스 나는 다른 방법은 없고, 그것이 하나뿐이자 최선의 방법이라고 생각해요.

소크라테스 그것은 또한 사물들을 발견하는 방법이기도 해서, 사물의 이름을 발견한 사람은 사물도 발견했다고 생각하는가? 아니면 자네는 탐구와 발견은 다른 방법으로 해야 하고, 배우는 것은 이 방법으로 해야 한다고 생각하는가?

크라튈로스 나는 탐구와 발견도 같은 수단에 의해 같은 방법으로 해야 한다고 확신해요.

소크라테스 자, 크라튈로스, 우리는 이 점에 유의하세. 자네는 이름들을 길라잡이 삼아 그것들의 뜻을 뒤쫓으며 사물들을 탐구하는 사람은 속을 위험이 크다는 것을 모르겠는가?

크라튈로스 어째서 그렇지요?

소크라테스 맨 처음에 이름을 지은 사람은 분명 사물들의 본성과 일치한다고 생각되는 이름들을 지었네. 그것이 우리의 주장일세. 그렇지 않은가?

크라튈로스 네, 그래요.

소크라테스 그렇다면 그의 생각이 올바르지 못한데 그가 그에 근거해 이름을 짓는다면, 자네는 그를 길라잡이로 삼는 우리가 어떤 일을 당하리라고 생각하는가? 속을 수밖에 없지 않을까?

크라튈로스 하지만 소크라테스님, 그렇지 않을 거예요. 이름 짓는 사람은 사물들을 알고 나서 이름 짓게 마련이니까요. 그렇지 않으면 아까도 말한 것처럼[270] 그의 이름들은 아예 이름이 아니겠지요. 그리고 이름 짓는 사람이 진리를 놓치지 않았다는 결정적인 증거가 있어요. 그건 그가 지은 이름들은 서로 완벽하게 조화를 이룬다는 거예요. 아니면 그대가 말씀하시는 모든 이름들이 같은 가정에 따라 같은 목적을 추구한다는 것을 알아차리지 못하셨나요?

소크라테스 하지만 여보게 크라튈로스, 그건 반론이 못 되네. 이름 짓는 사람이 처음에 오류를 범하고 나서 다른 이름들이 모두 자신의 처음 오류와 조화를 이루도록 강요한다면 그건 전혀 이상한 일이 아니기 때문일세. 기하학적 증명들에서 가끔 그런 일이 벌어진다네. 최초의 오류는 경미하고 눈에 띄지 않지만, 거기에서 나오는 수많은 결론들은 설사 서로 조화를 이룬다 해도 잘못된 것일세. 그러니 각자는 무슨 일을 하건 그것의 시작에 유의하고 요모조모 따져봐야 하며 자신의 가정이 옳은지 아닌지 철저히 살펴봐야 하네. 그 점만 충분히 검토하고 나면 나머지 것들은 거기서 뒤따라올 걸세. 하지만 이름들이 정말로 서로 조화를 이룬다면 나는 놀라움을 금치 못할 걸세. 그러니 앞서 논의한 것들을 다시 살펴보기로 하세. 우리는 만물은 나아가고 움직이고 흐른다는 가정

d

e

---

270 429b~e 참조.

아래 이름들은 우리에게 사물들의 본질을 나타낸다고 주장했네.[271] 자네는 이름들이 사물들의 본질을 나타낸다고 생각하지 않는가?

크라튈로스 나타내고말고요. 게다가 올바르게 나타내지요.

소크라테스 그렇다면 우리가 논의한 것들 가운데 먼저 '에피스테메'(epistēmē)[272]라는 이름으로 되돌아가 그것이 얼마나 모호한지 살펴보세. 이 이름은 사물들을 따라 회전하는 것보다는 사물들을 향하여(epi) 우리의 혼을 멈춰 세운다(histēsin)는 뜻인 듯하네. 그러니 이 이름에 h 음을 넣어 '헤피스테메'(hepistēmē)라고 말하기보다는 이 이름의 첫머리는 지금처럼 발음하는 편이 더 옳을 걸세. 아니면 엡실론(ε, e) 대신 이오타(ι, i)를 삽입해야 할 걸세.[273] 다음에는 '베바이온'(bebaion)[274]을 살펴보세. 이 이름은 토대(basis)나 정지(stasis)의 모방이고 운동의 모방이 아닐세. '히스토리아'(historia)[275]는 다름 아니라 흐름을 멈추는(histēsi ton rhoun) 것을 뜻하네. '피스톤'(piston)[276]은 분명 운동을 멈춰 세우는(histan) 것을 의미하네. 다음에 '므네메'(mnēmē)[277]가 운동이 아니라 혼 안에 머무름(monē)을 의미한다는 것은 누구나 알 수 있네. 자네만 좋다면 '하마르티아'(hamartia)[278]와 '쉼포라'(symphora)[279]도 살펴보세. 우리가 이름들의 형태만을 길라잡이로 삼는다면 이 이름들은 '쉬네시스'(synesis)[280]와 '에피스테메'와 훌륭한 것들에 붙여진 다른 모든 이름과 같은 것을 의미하는 것 같네.[281] 또한 '아마티아'(amathia)[282]와 '아콜라시아'(akolasia)[283]도 이들과 비슷한 것 같네. '아마티아'는 신을 수행하는(hama theōi iōn) 자의 여행을 뜻하고, '아콜라시아'는 분명 사물들을 따라다니는 것(akolouthia tois pragmasin)을 의미하는 것 같으니 말일세. 이렇듯 우리가 가장 나쁜 의미를 지닌다고 믿는 이름들이 가장 좋은 의미를 지니는 이름들과 아주 닮아 보일 수 있다네. 또 우리가 노력하면 판단을 번복하여 이름 짓는 사람이 말하고자 한 바는 사물들이 나아가거나 움직인다는 뜻이 아니라 사물들이 머물러 있다는 뜻이었다는 결론을 내릴 만한 이름을 많이 발견할 수 있으리라고 나는 생각하네.

크라튈로스 그렇지만 소크라테스님, 그대도 보시다시피 이름들은   d

271 411c 참조.
272 '지식'.
273 그렇게 하면 epihistēmē가 되어 그것이 epi와 histēsi에서 파생되었음이 더 분명하게 드러날 것이다.
274 '확고한'.
275 '탐구'.
276 '믿음직한'.
277 '기억'.
278 '과오'.
279 '불운'.
280 '이해'.
281 hamartia는 homartein('동반하다' '수행하다')를 닮았고, symphora는 sympheresthai('함께 움직이다')를 닮았다.
282 '무지'.
283 '방종'.

대부분 움직임을 나타내요.

소크라테스 그래서 어쨌다는 거지, 크라튈로스? 우리는 표(票)를 세듯 이름들을 세어보고 다수에 의해 이름들의 올바름을 결정해야 하는가? 만약 더 많은 이름이 움직임을 나타내면 우리는 그런 이름들이 참된 이름이라고 주장해야 하는가?

크라튈로스 그건 사리에 맞지 않겠지요.

소크라테스 전혀 사리에 맞지 않네, 여보게. 이 주제에 대한 논의는 이쯤 해두기로 하고,

e [판본 A: 자네가 다음에 대해서도 동의하는지 동의하지 않는지 살펴보기로 하세. 조금 전에 우리는 헬라스인들의 나라에서든 이민족의 나라에서든 이름을 짓는 사람들은 입법자들이고 이름을 지을 수 있는 기술은 입법자들의 기술이라는 데에 동의하지 않았는가?

크라튈로스 물론 동의했지요.

소크라테스 그렇다면 말해보게. 최초의 입법자들이 맨 처음 이름들을 지었을 때 이름 지은 사물들을 알고서 이름 지었을까, 아니면 모르고 이름 지었을까?

크라튈로스 나는 그들이 알고서 이름 지었다고 생각해요, 소크라테스님.

438a1 **소크라테스** 여보게 크라튈로스, 아마도 모르고 이름 짓지는 않았을 걸세.

크라튈로스 나도 그들이 모르지 않았으리라 생각해요.   a2

소크라테스 그런데 만약 이름을 통해서만 사물들을 알 수 있다면,   b4
이름이 존재하기 전, 그러니까 이름을 알 수 있기 전, 우리는 어떻   b6
게 그들이 알고 이름을 지었다거나 그들이 입법자라고 말할 수 있   b7
을까?][284]

[판본 B: 본 줄거리로 되돌아가세. 자네도 기억하겠지만, 조금 전   a3
논의에서 자네는 이름 짓는 사람은 자기가 이름 짓는 사물들에 대
해 알고 있어야 한다고 주장했네.[285] 자네는 여전히 그렇게 생각하
는가, 아니면 그렇지 않은가?

크라튈로스 여전히 그렇게 생각해요.

소크라테스 맨 처음 이름들을 지은 사람도 사물들을 알고 이름 지
었다고 생각하는가?

크라튈로스 네, 그는 알고 이름 지었어요.

소크라테스 하지만 그는 어떤 이름들에서 사물들을 배우거나 발
견할 수 있을까? 맨 처음 이름들이 아직 지어지지 않았다면 말일   b1
세. 우리 주장에 따르면, 사물들을 배우거나 발견하는 유일한 방   b2

---

284 판본 A(versio A)란 초판본으로 추정되는 판본이며, 판본 B(versio B)란 후
일 초판본을 수정한 것으로 추정되는 판본이다. 그러나 옥스퍼드 고전 텍스트의
교열자들은 두 판본 모두 후세에 가필된 것으로 본다.

285 436c 참조.

b3 법은 우리 스스로 이름들을 발견하거나 남들에게 배우는 거니까.]

b8 **크라튈로스** 소크라테스님, 내 생각에 이 주제에 대한 가장 참된 이

c1 론은, 인간의 힘을 능가하는 어떤 힘이 사물들에 맨 처음 이름들을 지었으며, 따라서 그 이름들은 올바를 수밖에 없다는 거예요.

소크라테스 그렇다면 자네는 이름 짓는 이가 정령[286]이나 신인데도 자기모순에 빠졌다고 생각하는가? 아니면 방금 우리가 한 말[287]이 허튼소리라고 생각하는가?

크라튈로스 하지만 둘 중 한 부류는 사실 이름이 아니었어요.

소크라테스 여보게, 어느 부류 말인가? 정지를 가리키는 부류인가, 아니면 운동을 가리키는 부류인가? 이 문제는 다수결로 정할 일이 아니라는 데에 우리는 방금 동의했으니 말일세.

d **크라튈로스** 그건 옳지 않겠지요, 소크라테스님.

소크라테스 하지만 이름들 사이에 내분이 일어나 어떤 이름들은 자기들이 진리를 닮았다고 주장하고 다른 이름들은 자기들이 진리를 닮았다고 주장하니, 우리는 무엇에 의지하여 어떻게 결정할 수 있겠는가? 이들 말고 다른 이름들에 의지할 수는 없네. 그런 것들은 존재하지 않으니까. 아니, 우리는 분명 이름 말고 다른 뭔가를 찾아야 하네. 이름을 사용하지 않고도 이 두 부류 가운데 어느 쪽이 참된 이름들인지 밝혀줄, 다시 말해 사물들의 진리를 밝혀줄 다른 뭔가를 찾아야 한다는 말일세.

e **크라튈로스** 나도 그렇게 생각해요.

소크라테스 크라튈로스, 그게 사실이라면 아마 이름들을 이용하지 않고도 사물들에 관해 배울 수 있을 걸세.

크라튈로스 그런 것 같아요.

소크라테스 그렇다면 자네는 어떤 다른 수단을 통해 사물들에 관해 배울 수 있을 것으로 예상하는가? 서로 비슷하다면 서로를 통해 그리고 그 자체를 통해 사물들에 관해 배우는 것보다 더 합리적이고 올바른 방법이 달리 있을 수 있을까? 그것들과 다르고 같지 않은 것은 그것들과 다르고 같지 않은 것을 가리키지 그것들을 가리키지 않을 테니 말일세.

크라튈로스 옳은 말씀인 것 같아요.

소크라테스 잠깐만! 잘 지어진 이름들은 이름 지어진 사물들을 닮았으며, 그래서 그런 사물들의 상(像)이라는 데에 우리는 누차 동의하지 않았나?   439a

크라튈로스 그랬지요.

소크라테스 만약 이름들을 통해서도 사물들에 관해 배울 수 있고, 사물들 자체를 통해 사물들에 관해 배울 수도 있다면, 어느 쪽 배움이 더 훌륭하고 더 명료할까? 상(像)에서 상 자체가 훌륭한 모방물인지 배우고 그것이 모방하는 진리를 배우는 쪽인가, 아니면   b
진리에서 진리 자체를 배우고 진리의 상이 제대로 만들어졌는지

286 daimon.
287 437a 참조.

배우는 쪽인가?

크라튈로스 진리에서 배우는 쪽이 더 좋을 수밖에 없겠지요.

소크라테스 사물들에 관해 어떤 방법으로 배우고 알아내야 하느냐는 어쩌면 나와 자네가 감당하기에는 너무나 큰 문제인 것 같네. 그러니 우리는 사물들을 배우고 탐구하되 이름들을 통해 그렇게 하기보다는 사물들 자체를 통해 그렇게 하는 편이 훨씬 더 바람직하다는 결론에 이르게 된 것으로 만족해야 할 걸세.

크라튈로스 그런 것 같아요, 소크라테스님.

c **소크라테스** 한 가지 더 살펴보기로 하세. 이 이름들이 대부분 같은 경향을 띤다는 사실에 우리가 현혹당하지 않으려면 말일세. 이름 짓는 사람들이 만물은 언제나 움직이고 흐른다고 믿고는—내가 보기에 그들은 그렇게 믿은 것 같네—이름들을 지은 것인지, 아니면 사실은 그렇지 않은데 이름 짓는 사람들이 일종의 소용돌이에 휘말려 그 안에서 빙글빙글 돌며 우리를 끌고 가는 것이 아닌지 살펴보자는 말일세. 여보게 크라튈로스, 내가 가끔 몽상하는 문제가 하나 있는데, 그에 관해 자네 의견을 듣고 싶네. 우리는 아름다운 것 자체, 좋은 것 자체가 있으며 다른 것들도 각각 그 점에

d 서 마찬가지라고 주장할 텐가, 아니면 그렇지 않다고 주장할 텐가?

크라튈로스 나는 그런 게 있다고 생각해요, 소크라테스님.

소크라테스 그렇다면 우리는 특정한 얼굴이나 그런 종류의 어떤 것이 아름다운지, 또는 그런 것들은 모두 흐른다고 생각되는지 살

펴볼 것이 아니라, 이렇게 묻기로 하세. 우리는 아름다운 것 자체는 언제나 그대로라고 말할 텐가?

크라튈로스 그럴 수밖에 없겠지요.

소크라테스 만약 그것이 언제나 지나가버린다면, 우리가 먼저 그것은 이런 것이라고, 다음에는 그것은 저런 것이라고 말하는 것이 어떻게 옳을 수 있겠는가? 아니면 우리가 말하는 바로 그 순간 그것은 불가피하게 다른 것이 되어 지나가버리고 더는 이전 그대로일 수 없는 것인가?

크라튈로스 그럴 수밖에 없겠지요.

소크라테스 그렇다면 같은 상태로 머물 수 없는 것이 어떻게 어떤 것일 수 있겠는가? 그도 그럴 것이, 만약 그것이 언젠가 같은 상태로 머무른다면 적어도 그동안에는 그것은 분명 변하지 않으며, 만약 그것이 언제나 같은 상태로 머무르고 언제나 같은 것이라면, 자신의 형상[288]을 버리지 않는데 어떻게 변하거나 움직일 수 있겠는가?   e

크라튈로스 결코 그럴 수 없겠지요.

소크라테스 그것은 또한 누가 알 수 있는 것도 아닐세. 왜냐하면 그   440a 것을 알려고 하는 사람이 다가가는 순간 그것은 다르고 같지 않은 것이 되어, 그것이 어떤 종류의 것이고 어떤 상태에 있는지 더는

---

[288] idea.

알 수 없으니 말일세. 어떤 상태에도 있지 않은 것을 알 수 있는 지식이란 분명 존재하지 않으니까.

크라튈로스 말씀하신 그대로예요.

소크라테스 하지만 크라튈로스, 만약 모든 것이 변하고 아무것도 머물지 않는다면 지식 같은 것이 있다고 말하는 것은 합리적이지 않네. 그러나 만약 지식 자체가 변하지 않고 지식이기를 그만두지 않는다면, 지식은 언제나 살아남을 것이고 지식 같은 것은 존재할
b 걸세. 그렇지만 지식의 형상 자체가 지식의 형상과 다른 형상으로 변하는 순간 어떤 지식도 존재하지 않을 걸세. 그리고 만약 그것이 언제나 변한다면, 지식은 언제나 존재하지 않을 걸세. 따라서 이 논리에 따르면 어느 누구도 무엇을 알 수 없고 그 무엇도 알려질 수 없을 걸세. 그러나 만약 아는 것과 알려지는 것이 언제나 존재한다면, 만약 아름다운 것과 좋은 것과 그 밖의 다른 것들도 모두 존재한다면, 내가 보기에 지금 내가 말하는 이런 상태들은 흐
c 름 또는 운동을 전혀 닮지 않은 듯하네. 그런데 이런 것들에 대한 내 말이 옳은지, 아니면 헤라클레이토스와 많은 다른 사람들의 주장[289]이 옳은지 살펴보는 것은 쉬운 일이 아닐세. 그러나 지성 있는 사람이라면 확실히 자신과 자신의 혼을 돌보는 일을 이름들에 맡기지는 않을 걸세. 그는 또한 이름들이나 이름들을 지은 사람들을 믿고는 자기가 뭔가를 안다고 장담하지도 않을 걸세. 그는 또한 자신과 모든 것을 비하하여 그것들에는 물이 새는 항아리처럼 건전한 데가 전혀 없다고 말하거나, 만물은 감기 걸린 사람들처
d

178

럼 계속 콧물을 줄줄 흘린다고 믿지도 않을 걸세. 크라튈로스, 아마 그럴 수도 있겠지만, 그렇지 않을 수도 있을 걸세. 그러니 자네는 용감하고 철저히 살펴봐야 하고 무엇이든 쉽게 받아들여서는 안 되네. 자네는 아직 한창때의 젊은이니까. 그리고 자네가 살펴보고 진리를 발견하면 내게도 나누어주게.

크라튈로스 그럴게요. 하지만 소크라테스님, 잘 알아두세요. 나는 이미 이 문제를 살펴보았는데, 애써 살펴본 결과 헤라클레이토스 e 의 주장이 사실에 훨씬 더 가까운 것 같아요.

소크라테스 그렇다면 여보게, 다음에 자네가 돌아오면 내게 가르쳐주게나. 지금은 자네가 계획한 대로 시골로 떠나게. 여기 있는 헤르모게네스가 자네를 바래다줄 걸세.

크라튈로스 그럴게요, 소크라테스님. 바라건대 그대도 이 문제를 계속 생각해보세요.

---

289 402a 참조.